SE 07

Curso
MAD360

*La diferencia entre aprobar
y sacar plaza*

Cuerpo Administrativo
de la Administración General

COMUNIDAD AUTÓNOMA DE GALICIA

Si aún no dispones de tu **Curso MAD360**, te ofrecemos un acceso GRATIS de 30 días para que disfrutes de los siguientes recursos:

AF212160

- Técnicas de Memoria 360.
- MADTEST: Test *online* Nivel PRO.
- Temario en formato digital.
- Vídeos.
- Planificación de estudio.
- Foro entre opositores hasta la fecha del examen.*
- Recursos y novedades exclusivas.
- Consúltanos sobre tu oposición y proceso selectivo.
- Actualizaciones legislativas (Boletines Oficiales) hasta 60 días antes de la fecha del examen.*

Para acceder a esta prueba del Curso MAD360** será necesaria la compra de todos los libros para esta especialidad de la edición 2025.

Regístrate en **mad.es/iniciar-sesion** y en la pestaña MIS CURSOS valida los códigos que encuentras en la última página de tus libros.

NOTA IMPORTANTE:

* Examen de esta categoría profesional correspondiente a la convocatoria publicada en el DOG n.º 228, de 25 de noviembre de 2025, o hasta el 31 de enero de 2027, lo que se cumpla antes, y previa renovación del servicio.

** El acceso al CURSO MAD360 estará disponible desde enero de 2026 (algunos recursos podrían estar disponibles en fecha posterior). Tendrá una duración de 30 días RENOVABLES mediante pago, desde la validación de códigos, o hasta el 31 de julio de 2027, lo que se cumpla antes.

MAD se reserva el derecho a ampliar dichas fechas.

Cuerpo Administrativo de la Administración General de la Comunidad Autónoma de Galicia

Enero, 2026

Cuerpo Administrativo de la Administración General de la Comunidad Autónoma de Galicia

Test del temario

JOSEFA GUILLERMA GANCEDO CONS

Licenciada en Derecho

Jefa de Servicio de Administración Empresarial en la Xunta de Galicia

JOSÉ ANTONIO GUERRERO ARROYO

Cuerpo Superior de Letrados

FRANCISCO JESÚS TORRES FONSECA

Licenciado en Derecho

MARÍA JOSÉ ASQUERINO LAMPARERO

Profesora Permanente Laboral

Universidad de Sevilla

© 7 Editores Recursos para la Cualificación Profesional y el Empleo, S.L. (7 Editores)

© Los autores

Primera edición, enero 2026 (156 páginas)

Derechos de edición reservados a favor de 7 Editores

IMPRESO EN ESPAÑA

Diseño Portada: 7 Editores

Edita: 7 Editores

Avda. San Francisco Javier, 9 · Edificio Sevilla 2 · Planta 11 · Módulos 25-27 · 41018 Sevilla

Teléfono: 954 784 411 · WEB: www.mad.es · e-mail: administracion@7editores.com

ISBN: 979-13-702-8403-9

© "Editorial Mad" y "Eduforma" son nombres comerciales registrados de

7 Editores Recursos para la Cualificación Profesional y el Empleo, S.L.

Índice

BLOQUE I

TEST N.º 1

La Constitución Española de 1978: Título Preliminar, Título I (excepto capítulo III), Título II, Título III (excepto capítulos II y III), Título IV, Título V y Título VIII

1. ¿En qué se fundamenta la Constitución Española?

a) En un Estado social y democrático de Derecho.
b) En la indisoluble unidad de la Nación española.
c) En la independencia de los poderes del Estado.
d) En la organización territorial del Estado.

2. Según el artículo 3 de la CE, el castellano es la lengua oficial del Estado y todos los españoles:

a) Tienen el deber de usar y el derecho de conocer el castellano.
b) Tienen el derecho y el deber de conocer el castellano.
c) Tienen el deber de conocer y el derecho de usar el castellano.
d) Tienen el derecho de conocer y usar el castellano.

3. La Constitución Española reconoce y garantiza el derecho a la autonomía:

a) De las nacionalidades que la integran.
b) De las regiones que la integran.
c) De las Comunidades Autónomas que la integran.
d) De las nacionalidades y regiones que la integran.

4. El Preámbulo de la Constitución:

a) Tiene en sí carácter de norma jurídica.
b) Es una declaración de intenciones, destinada a interpretar lo que se quiere alcanzar con el contenido normativo de la Constitución.
c) Se trata de un texto sin fuerza jurídica de obligar.
d) Las respuestas b) y c) son correctas.

5. Señala la respuesta correcta, respecto de la aprobación, ratificación y publicación de la Constitución Española:

a) Aprobada por las Cortes el 31 de octubre de 1978, ratificada por el pueblo en referéndum el 6 de diciembre de 1978 y publicada el 29 de diciembre de 1978.

b) Aprobada por las Cortes el 30 de octubre de 1978, ratificada por el pueblo en referéndum el 16 de diciembre de 1978 y publicada el 27 de diciembre de 1978.

c) Aprobada por las Cortes el 31 de octubre de 1978, ratificada por el pueblo en referéndum el 16 de diciembre de 1978 y publicada el 29 de diciembre de 1978.

d) Aprobada por las Cortes el 10 de octubre de 1978, ratificada por el pueblo en referéndum el 26 de diciembre de 1978 y publicada el 30 de diciembre de 1978.

6. ¿En qué parte de la Carta Magna se establece la exposición de motivos que impulsan la norma constitucional y los objetivos que con ella se pretenden alcanzar?

a) En el Título Preliminar.
b) En el Preámbulo.
c) En el Título I.
d) En el Título II.

7. La Constitución Española fue sancionada por:

a) El Rey.
b) El Presidente del Congreso.
c) Las Cortes Generales.
d) El Presidente del Gobierno.

8. ¿Cuáles de los siguientes españoles de origen pueden ser privados de su nacionalidad?

a) Exclusivamente los miembros de grupos terroristas.
b) Los miembros de grupos terroristas y los que atenten contra el Rey u otro miembro de la Casa Real.
c) Los que atenten contra un miembro de la Familia Real o del Gobierno de la Nación.
d) Ningún español de origen podrá ser privado de su nacionalidad.

9. Según la CE son fundamentos del orden político y la paz social:

a) La dignidad de la persona, los derechos violables que les son inherentes y el respeto a la ley.
b) La dignidad de la persona, el desarrollo limitado de la personalidad y el respeto a la ley.
c) El respeto a la ley, a los reglamentos administrativos y demás disposiciones legales.
d) La dignidad de la persona, los derechos inviolables que le son inherentes, el libre desarrollo de su personalidad, el respeto a la ley y a los derechos de los demás.

10. ¿Cuál de los siguientes es considerado por la CE como uno de los valores superiores del ordenamiento jurídico?

a) La jerarquía normativa.
b) El pluralismo político.
c) La publicidad normativa.
d) La equidad.

11. Las Cámaras se reúnen en sesiones:

a) Ordinarias y extraordinarias.
b) Simples o conjuntas.
c) Ordinarias, extraordinarias y conjuntas.
d) Ordinarias, extraordinarias y de urgencia.

12. Según la Constitución Española, arbitra y modera el funcionamiento regular de las instituciones:

a) El Presidente del Gobierno.
b) El Rey.
c) El Estado.
d) Los tribunales de Justicia.

13. Las abdicaciones y renuncias y cualquier duda de hecho o de derecho que ocurra en el orden de sucesión a la Corona se resolverán:

a) Por ley.
b) Por decreto ley.
c) Por decisión de las Cortes Generales.
d) Por ley orgánica.

14. Si no hubiese a quien corresponda la Regencia, esta será nombrada por:

a) Las Cortes Generales.
b) El Congreso de los Diputados.
c) El Senado.
d) El Gobierno.

15. No necesita de refrendo:

a) Declarar la guerra y hacer la paz.
b) Expedir los decretos acordados en Consejo de Ministros.
c) Nombrar y relevar a los miembros civiles y militares de la Casa Real.
d) Todos los actos del Rey necesitan refrendo.

16. Para adoptar acuerdos, las Cámaras deben estar reunidas reglamentaria-mente y con asistencia de la mayoría de sus miembros. Dichos acuerdos, para ser válidos, deberán ser aprobados:

a) Por la mayoría de los miembros presentes.
b) Por mayoría absoluta de sus miembros.
c) Por los 3/5 de cada una de las Cámaras.
d) Por los 2/3 del conjunto de las Cámaras.

17. ¿En qué plazo deberá ser convocado el Congreso electo tras la celebración de elecciones?

a) Entre los 30 y 60 días siguientes.
b) Dentro de los 25 días siguientes.
c) Entre los 10 y 30 días siguientes.
d) Dentro de los 30 días siguientes.

18. En las causas contra Diputados y Senadores será competente:

a) La Sala de lo Civil del Tribunal Supremo.
b) La Sala de lo Social del Tribunal Supremo.
c) La Sala de lo Contencioso-Administrativo del Tribunal Supremo.
d) La Sala de lo Penal del Tribunal Supremo.

19. Si el príncipe heredero contrae matrimonio contra la expresa prohibición de las Cortes Generales:

a) No podrá casarse.
b) Podrá casarse, pero no podrá vivir en el palacio real.
c) Deberá antes de pedir autorización a las Cortes para poder contraerlo.
d) Será excluido en la sucesión de la corona.

20. Según el art. 59.5 de la Carta Magna, la Regencia se ejercerá:

a) Por mandato constitucional y en nombre del pueblo español.
b) Por mandato constitucional y en nombre de las Cortes Generales.
c) Por mandato constitucional y en nombre de la soberanía popular.
d) Por mandato constitucional y en nombre del Rey.

En MADTEST tienes **más preguntas de este tema**, y todos tus avances quedan registrados y se reflejan en el ranking.

¡Supera tus límites con MADTEST!

Solución al test n.º 1

1. b) En la indisoluble unidad de la Nación española.

2. c) Tienen el deber de conocer y el derecho de usar el castellano.

3. d) De las nacionalidades y regiones que la integran.

4. d) Las respuestas b) y c) son correctas.

5. a) Aprobada por las Cortes el 31 de octubre de 1978, ratificada por el pueblo en referéndum el 6 de diciembre de 1978 y publicada el 29 de diciembre de 1978.

6. b) En el Preámbulo.

7. a) El Rey.

8. d) Ningún español de origen podrá ser privado de su nacionalidad.

9. d) La dignidad de la persona, los derechos inviolables que le son inherentes, el libre desarrollo de su personalidad, el respeto a la ley y a los derechos de los demás.

10. b) El pluralismo político.

11. c) Ordinarias, Extraordinarias y Conjuntas.

12. b) El Rey.

13. d) Por ley orgánica.

14. a) Las Cortes Generales.

15. c) Nombrar y relevar a los miembros civiles y militares de la Casa Real.

16. a) Por la mayoría de los miembros presentes.

17. b) Dentro de los 25 días siguientes.

18. d) La Sala de lo Penal del Tribunal Supremo.

19. d) Será excluido en la sucesión de la corona.

20. d) Por mandato constitucional y en nombre del Rey.

Ley Orgánica 1/1981, de 6 de abril, del Estatuto de Autonomía de Galicia: Título Preliminar, Título I, Título II, Título III y Título V

1. La aprobación de los presupuestos de la Comunidad Autónoma de Galicia corresponde:

a) Al Presidente de la Xunta de Galicia.
b) A la Xunta de Galicia.
c) Al Congreso de los Diputados.
d) Al Parlamento de Galicia.

2. El Presidente del Tribunal Superior de Justicia de Galicia es nombrado:

a) Por el Presidente de la Junta, previo acuerdo del Parlamento de Galicia.
b) Por el Presidente del Gobierno, a propuesta de las Cortes Generales.
c) Por el Presidente del Gobierno, a propuesta del Consejo General del Poder Judicial.
d) Por el Rey, a propuesta del Consejo General del Poder Judicial.

3. El artículo 12.3 del Estatuto de Autonomía de Galicia dice que el Parlamento funcionará:

a) En Plenos y en Diputación Permanente.
b) En Plenos y en Comisiones, y se reunirá en sesiones ordinarias y extraordinarias.
c) En Plenos y en Mesas, y se reunirá en sesiones ordinarias.
d) En Pleno y en Diputación Permanente, y se reunirá en sesiones ordinarias y extraordinarias.

4. Como dice el artículo 15.3 del Estatuto de Autonomía de Galicia, quien propone al candidato a Presidente de la Xunta de Galicia es:

a) La Diputación Permanente.
b) El Parlamento Gallego en Pleno.
c) El Presidente del Parlamento.
d) El Rey.

5. Indica qué corresponde a la Comunidad Autónoma de Galicia:

a) La creación y estructuración de su propia Administración pública, dentro de los principios generales y normas básicas del Estado.

b) La creación y estructuración de su propia Administración pública, dentro de los principios fundamentales y normas básicas del Estado.

c) La creación y estructuración de su propia Administración pública, dentro de los principios generales y normas esenciales del Estado.

d) La creación y estructuración de su propia Administración pública, dentro de los principios y normas básicas del Estado.

6. En el marco de las normas básicas del Estado, corresponde a la Comunidad Autónoma:

a) El desarrollo legislativo y la ejecución del régimen de Radiodifusión y Televisión en los términos y casos establecidos en la ley que regule el Estatuto Jurídico de la Radio y la Televisión.

b) El desarrollo legislativo y la ejecución del régimen de prensa y, en general, de todos los medios de comunicación social.

c) Son correctas las respuestas a) y b).

d) No es correcta ninguna respuesta.

7. La Comunidad Autónoma de Galicia goza de autonomía plena. Indica qué precepto constitucional fundamenta este proceso:

a) El artículo 143.

b) El artículo 151.

c) El artículo 148.

d) El artículo 150.

8. Indica qué ley orgánica aprobó el Estatuto de Autonomía de Galicia para que Galicia se constituyese en Comunidad Autónoma:

a) Ley Orgánica 1/1981, de 6 de abril.

b) Ley Orgánica 1/1982, de 6 de abril.

c) Ley Orgánica 1/1981, de 7 de abril.

d) Ley Orgánica 2/1981, de 6 de abril.

9. Los poderes de la Comunidad Autónoma de Galicia emanan de la Constitución, de su Estatuto de Autonomía y del:

a) Pueblo.

b) Gobierno.

c) Estado.

d) Municipio.

10. El Parlamento será elegido por un plazo de:

a) 2 años.
b) 4 años.
c) 5 años.
d) 3 años.

11. La Comunidad Autónoma ejercerá sus funciones administrativas por:

a) Órganos y entes dependientes de la Junta de Galicia.
b) Órganos y entes dependientes de la provincia.
c) Órganos y entes dependientes de la Diputación provincial.
d) Órganos y entes dependientes del Parlamento de Galicia.

12. El Estatuto de Autonomía de Galicia se estructura en:

a) Un Título Preliminar, 5 títulos más.
b) Un Título Preliminar, 4 títulos más.
c) Un Título Preliminar, 6 títulos más.
d) Cinco títulos.

13. El Título II del Estatuto de Autonomía de Galicia se refiere:

a) Al poder gallego.
b) A la Administración Pública gallega.
c) A las competencias de Galicia.
d) A la economía y la hacienda.

14. La sede de las instituciones autonómicas se fijará:

a) Por ley del Parlamento de Galicia.
b) Por ley de las Cortes Generales.
c) Por decreto de la Xunta de Galicia.
d) Por acuerdo de la Xunta de Galicia.

15. ¿En qué artículo de la Constitución se consagra el derecho a la autonomía de las nacionalidades y regiones?

a) En el artículo 1.
b) En el artículo 2.
c) En el artículo 9.
d) Todas las respuestas son falsas.

16. El Título VIII de la Constitución Española regula:

a) El gobierno y la administración.
b) La Corona.
c) La economía y hacienda.
d) La organización territorial del Estado.

17. Podrán acceder a su autogobierno y constituirse en Comunidades Autónomas:

a) Las provincias limítrofes con características históricas, culturales y económicas comunes.
b) Los territorios insulares.
c) Las provincias con entidad regional histórica.
d) Todas las respuestas son correctas.

18. La doctrina mayoritaria afirma que el Estatuto de Autonomía es:

a) Una norma europea.
b) Una norma estatal.
c) Una norma autonómica.
d) Tanto una norma estatal como una norma autonómica.

19. El Estatuto de Autonomía de Galicia se compone de:

a) 47 artículos.
b) 67 artículos.
c) 57 artículos.
d) 75 artículos.

20. Analizando las competencias de la Comunidad Autónoma gallega, la organización de las instituciones de autogobierno:

a) Es competencia exclusiva.
b) Es competencia concurrente.
c) Es competencia compartida.
d) Todas las respuestas son falsas.

En MADTEST tienes **más preguntas de este tema**, y todos tus avances quedan registrados y se reflejan en el ranking.

¡Supera tus límites con MADTEST!

Solución al test n.º 2

1. d) Al Parlamento de Galicia.

2. d) Por el Rey, a propuesta del Consejo General del Poder Judicial.

3. b) En Plenos y en Comisiones, y se reunirá en sesiones ordinarias y extraordinarias.

4. c) El Presidente del Parlamento.

5. a) La creación y estructuración de su propia Administración pública, dentro de los principios generales y normas básicas del Estado.

6. c) Son correctas las respuestas a) y b).

7. b) El artículo 151.

8. a) Ley Orgánica 1/1981, de 6 de abril.

9. a) Pueblo.

10. b) 4 años.

11. a) Órganos y entes dependientes de la Junta de Galicia.

12. a) Un título preliminar, 5 títulos más.

13. c) A las competencias de Galicia.

14. a) Por ley del Parlamento de Galicia.

15. b) En el artículo 2.

16. d) La organización territorial del Estado.

17. d) Todas las respuestas son correctas.

18. d) Tanto una norma estatal como una norma autonómica.

19. c) 57 artículos.

20. a) Es competencia exclusiva.

TEST N.º 3

La Unión Europea, el Derecho derivado: Reglamentos, Directivas, Decisiones, Recomendaciones y Dictámenes

1. Tendrá un alcance general, será obligatorio en todos sus elementos y directamente aplicable en cada Estado miembro:

a) El Reglamento.
b) Directiva.
c) Decisiones.
d) Todas son verdaderas.

2. Son normas de resultado y un instrumento para armonizar las legislaciones de los Estados miembros:

a) Reglamento.
b) Directiva.
c) Decisiones.
d) Todas son correctas.

3. En España corresponderá transponer la Directiva:

a) Al Estado o a las Comunidades Autónomas de acuerdo con sus competencias, aunque el responsable del cumplimiento ante la CE será el Estado Español.
b) Al Estado.
c) A las Comunidades Autónomas.
d) Al Estado, Comunidades Autónomas y Entidades Locales.

4. Señala la afirmación correcta:

a) La Decisión será obligatoria en todos sus elementos para todos sus destinatarios.
b) La Decisión tiene carácter limitado, puesto que, aunque es obligatoria, no suele tener carácter general, sino que va dirigida a destinatarios concretos.
c) La Decisión tiene destinatarios determinados, con la particularidad de que estos no son necesariamente Estados, sino que también pueden serlo los particulares.
d) Todas son correctas.

5. Las Recomendaciones y los Dictámenes:

a) Serán vinculantes.
b) No serán vinculantes.
c) Las Recomendaciones serán vinculantes y los Dictámenes nunca.
d) Las Recomendaciones nunca serán vinculantes y los Dictámenes serán vinculantes.

6. Será un acto atípico:

a) Las Recomendaciones y Dictámenes.
b) La costumbre.
c) El Reglamento.
d) Las Recomendaciones y la costumbre.

7. Desde un punto de vista material, un Reglamento equivaldría en la legislación nacional española a:

a) Una Ley.
b) Un Real Decreto.
c) Una Orden.
d) Cualquiera de ellos.

8. Que el Reglamento tiene alcance general significa que su ámbito de aplicación se extiende a:

a) Las Instituciones.
b) Estados miembros.
c) Personas físicas y jurídicas, cualquiera que sea su naturaleza y el ámbito de funciones.
d) Todas son correctas.

9. El Reglamento:

a) Prevalece sobre cualquier norma estatal, excepto la Constitución.
b) Prevalece sobre cualquier norma estatal.
c) Como norma, no cabe alegarlo ante los Tribunales.
d) Ninguna es correcta.

10. La Directiva:

a) En principio, no tiene efecto directo.
b) Tiene efecto directo.
c) No tiene carácter obligatorio.
d) Como norma no precisa de su transposición al derecho interno de cada Estado.

11. La Directiva:

a) Tiene alcance general.
b) Sus destinatarios son concretos.
c) Los destinatarios son todos los Estados miembros.
d) Son de aplicación como norma a todos los particulares.

12. Las Recomendaciones y los Dictámenes:

a) No serán vinculantes.
b) Serán vinculantes.
c) Son actos atípicos.
d) Ninguna es correcta.

13. El Derecho derivado que pueden dictar las Instituciones se denomina:

a) Reglamento.
b) Directiva.
c) Decisiones.
d) Todas son correctas.

14. Son normas de resultado y un instrumento para armonizar las legislaciones de los Estados miembros:

a) Reglamento.
b) Directiva.
c) Decisiones.
d) Todas son correctas.

15. La aplicabilidad inmediata del Reglamento se produce tras:

a) Su publicación en el BOE.
b) Su publicación en el DOUE.
c) Su publicación en los Diarios de las Comunidades Autónomas.
d) Será necesario publicarlos en todos ellos.

16. Las Directivas:

a) No tienen efecto directo en ningún caso.
b) Tienen efecto directo en todo caso.
c) Si la directiva es clara y detallada puede generar derechos, aunque no esté transpuesta al Ordenamiento interno.
d) Si la directiva es clara y detallada puede generar derechos, pero tiene que estar ya transpuesta.

17. La Decisión:

a) Tiene destinatarios generales.
b) Tiene destinatarios determinados, que son solo los Estados.
c) Tiene destinatarios determinados, que pueden ser los Estados, pero también pueden serlo los particulares.
d) Ninguna afirmación es correcta.

18. Las Decisiones:

a) Tienen alcance normativo.
b) Las dirigidas a los Estados miembros pueden tener un alcance indirectamente normativo en la medida en que se les impongan obligaciones que aquellos tengan que hacer efectivas necesariamente.
c) Tendrán alcance normativo, solo si van dirigidas a los particulares.
d) Nunca tendrán alcance normativo.

19. Las decisiones que no especifiquen un destinatario:

a) Deben publicarse en el Diario Oficial de la Unión Europea.
b) Deben publicarse en Diario Oficial de cada país.
c) Deben ser objeto de adaptación por cada Estado miembro.
d) Se adoptarán necesariamente por un procedimiento legislativo.

20. Las Recomendaciones:

a) Tienen alcance normativo.
b) Crean obligaciones y derechos para los sujetos del ordenamiento comunitario.
c) Crean obligaciones y derechos exclusivamente para los Estados.
d) No tienen alcance normativo ni crean obligaciones ni derechos para los sujetos del ordenamiento comunitario.

En MADTEST tienes **más preguntas de este tema**, y todos tus avances quedan registrados y se reflejan en el ranking.

¡Supera tus límites con MADTEST!

Solución al test n.º 3

1. a) El Reglamento.

2. b) Directiva.

3. a) Al Estado o a las Comunidades Autónomas de acuerdo con sus competencias, aunque el responsable del cumplimiento ante la CE será el Estado Español.

4. d) Todas son correctas.

5. b) No serán vinculantes.

6. b) La costumbre.

7. a) Una Ley.

8. d) Todas son correctas.

9. b) Prevalece sobre cualquier norma estatal.

10. a) En principio, no tiene efecto directo.

11. b) Sus destinatarios son concretos.

12. a) No serán vinculantes.

13. d) Todas son correctas.

14. b) Directiva.

15. b) Su publicación en el DOUE.

16. c) Si la directiva es clara y detallada puede generar derechos, aunque no esté transpuesta al Ordenamiento interno.

17. c) Tiene destinatarios determinados, que pueden ser los Estados, pero también pueden serlo los particulares.

18. b) Las dirigidas a los Estados miembros pueden tener un alcance indirectamente normativo en la medida en que se les impongan obligaciones que aquellos tengan que hacer efectivas necesariamente.

19. a) Deben publicarse en el Diario Oficial de la Unión Europea.

20. d) No tienen alcance normativo ni crean obligaciones ni derechos para los sujetos del ordenamiento comunitario.

Fuentes del Derecho Europeo: actos jurídicos de la Unión, procedimientos de adopción y otras disposiciones según el Tratado de Funcionamiento de la Unión Europea. La integración del Derecho Europeo en España

1. En los casos específicos previstos por los Tratados (procedimiento legislativo especial), los actos legislativos podrán ser adoptados por iniciativa de:

a) Un grupo de Estados miembros o del Parlamento Europeo, por recomendación del Banco Central Europeo o a petición del Tribunal de Justicia o del Banco Europeo de Inversiones.

b) Tres Estados miembros o del Parlamento Europeo, por recomendación del Banco Central Europeo o a petición del Tribunal de Justicia o del Banco Europeo de Inversiones.

c) Un grupo de Estados miembros o del Parlamento Europeo, por recomendación del Banco Central Europeo o a petición del Tribunal de Justicia o del Banco Europeo de Inversiones, o del Tribunal de Cuentas.

d) Todas son falsas.

2. Respecto a la iniciativa legislativa:

a) Un grupo de al menos quinientas mil firmas de ciudadanos de la Unión, que sean nacionales de un número significativo de Estados miembros, podrá tomar la iniciativa de invitar a la Comisión Europea, en el marco de sus atribuciones, a que presente una propuesta adecuada sobre cuestiones que estos ciudadanos estimen que requieren un acto jurídico de la Unión para los fines de la aplicación de los Tratados.

b) Un grupo de al menos un millón de ciudadanos de la Unión, que sean nacionales de un número significativo de Estados miembros, podrá tomar la iniciativa de invitar al Parlamento, en el marco de sus atribuciones, a que presente una propuesta adecuada sobre cuestiones que estos ciudadanos estimen que requieren un acto jurídico de la Unión para los fines de la aplicación de los Tratados.

c) Un grupo de al menos un millón de ciudadanos de la Unión, que sean nacionales de una cuarta parte de Estados miembros, podrá tomar la iniciativa de invitar a la Comisión Europea, en el marco de sus atribuciones, a que presente una propuesta adecuada sobre cuestiones que estos ciudadanos estimen que requieren un acto jurídico de la Unión para los fines de la aplicación de los Tratados.

d) Todas las opciones son falsas.

3. Los Tratados podrán modificarse con arreglo a un procedimiento de revisión:

a) Ordinario.
b) Ordinario y simplificados.
c) Ordinario y abreviado.
d) Ordinario, simplificado y cualificado.

4. Tendrá un alcance general, será obligatorio en todos sus elementos y directamente aplicable en cada Estado miembro:

a) El Reglamento.
b) Directiva.
c) Decisiones.
d) Todas son verdaderas.

5. Son normas de resultado y un instrumento para armonizar las legislaciones de los Estados miembros:

a) El Reglamento.
b) La Directiva.
c) Las Decisiones.
d) Todas son correctas.

6. Las Recomendaciones y los Dictámenes:

a) Serán vinculantes.
b) No serán vinculantes.
c) Las Recomendaciones serán vinculantes y los Dictámenes nunca.
d) Las Recomendaciones nunca serán vinculantes y los Dictámenes serán vinculantes.

7. Que el Reglamento tiene alcance general significa que su ámbito de aplicación se extiende a:

a) Las Instituciones.
b) Estados miembros.
c) Personas físicas y jurídicas, cualquiera que sea su naturaleza y el ámbito de funciones.
d) Todas son correctas.

8. El Reglamento:

a) Prevalece sobre cualquier norma estatal, excepto a la Constitución.
b) Prevalece sobre cualquier norma estatal.
c) Como norma, no cabe alegarlo ante los Tribunales.
d) Ninguna es correcta.

9. Respecto a los procedimientos legislativos establece el Tratado de Funcionamiento que:

a) El procedimiento legislativo ordinario consiste en la adopción conjunta por el Parlamento Europeo y el Consejo, a propuesta de la Comisión, de un reglamento, una directiva o una decisión.
b) En los casos específicos previstos por los Tratados, la adopción de un reglamento, una directiva o una decisión, bien por el Parlamento Europeo con la participación del Consejo, bien por el Consejo con la participación del Parlamento Europeo, constituirá un procedimiento legislativo especial.
c) Los actos jurídicos que se adopten mediante procedimiento legislativo constituirán actos legislativos.
d) Todas son correctas.

10. Respecto al Derecho derivado, señala la respuesta correcta:

a) En los casos específicos previstos por los Tratados, los actos legislativos podrán ser adoptados por iniciativa de un grupo de Estados miembros o del Parlamento Europeo, por recomendación del Banco Central Europeo o a petición del Tribunal de Justicia o del Banco Europeo de Inversiones.
b) Los actos legislativos adoptados con arreglo al procedimiento legislativo ordinario serán firmados por el Presidente del Parlamento Europeo, por el Presidente del Consejo y por el Presidente de la Comisión.
c) Los actos legislativos adoptados con arreglo a un procedimiento legislativo especial serán firmados por el Presidente de la institución que los haya adoptado y por el Presidente del Parlamento.
d) Todas son correctas.

11. Los actos legislativos:

a) Se publicarán en todo caso en el Diario Oficial de la Unión Europea.
b) Entrarán en vigor en la fecha que ellos mismos fijen.
c) Si no establecen fecha, entrarán en vigor a los veinte días de su publicación.
d) Todas son correctas.

12. La Sentencia Costa c. Enel declara respecto del Derecho Comunitario la:

a) Primacía.
b) Efecto directo.
c) Aplicación directa.
d) Ninguna es correcta.

13. La sentencia Van Gend en Loos declara, respecto del Derecho Comunitario:

a) Primacía.
b) Efecto directo.

c) Aplicación directa.
d) Ninguna es correcta.

14. Respecto de los actos delegados, indica la opción correcta:

a) Un acto legislativo podrá delegar en el Consejo los poderes para adoptar actos no legislativos de alcance general que completen o modifiquen determinados elementos no esenciales del acto legislativo.

b) Un acto legislativo podrá delegar en la Comisión o en el Consejo los poderes para adoptar actos no legislativos de alcance general que completen o modifiquen determinados elementos no esenciales del acto legislativo.

c) Un acto no legislativo podrá delegar en la Comisión los poderes para adoptar actos no legislativos de alcance general que completen o modifiquen determinados elementos esenciales del acto legislativo.

d) Un acto legislativo podrá delegar en la Comisión los poderes para adoptar actos no legislativos de alcance general que completen o modifiquen determinados elementos no esenciales del acto legislativo.

15. El Derecho derivado que pueden dictar las Instituciones se denomina:

a) Reglamento.
b) Directivas.
c) Decisiones.
d) Todas son correctas.

16. Son normas de resultado y un instrumento para armonizar las legislaciones de los Estados miembros:

a) Reglamento.
b) Directiva.
c) Decisiones.
d) Todas son correctas.

17. La aplicabilidad inmediata del Reglamento Europeo se produce tras:

a) Su publicación en el BOE.
b) Su publicación en el DOUE.
c) Su publicación en los Diarios de las Comunidades Autónomas.
d) Será necesario publicarlos en todos ellos.

18. Los Tratados tendrán efecto directo según el TJCE cuando:

a) En todo caso.
b) Se trate de una disposición clara y suficientemente precisa.
c) La norma sea incondicional, es decir, que no requiera medidas de ejecución de la Comisión o de los Estados miembros, y que no hubiera concedido a estas autoridades facultad de apreciación.
d) Las respuestas a) y b) son correctas.

19. La primacía del Derecho Comunitario es:

a) General porque se predica no solo del derecho originario, sino también de las demás fuentes del ordenamiento, es decir, la primacía beneficia al ordenamiento comunitario en su conjunto.

b) Se predica solamente del derecho originario.

c) Se predica solamente del derecho derivado.

d) Se predica del derecho derivado y del originario solamente de los Tratados Constitutivos.

20. El Derecho Comunitario:

a) No es un sistema jerarquizado de fuentes.

b) Es un sistema jerarquizado de fuentes.

c) Es un sistema jerarquizado de fuentes, en que la primacía la tiene el Reglamento.

d) Es un sistema jerárquico de fuentes, pero en el que prevalecen las Constituciones de los Estados miembros.

En MADTEST tienes **más preguntas de este tema**, y todos tus avances quedan registrados y se reflejan en el ranking.

¡Supera tus límites con MADTEST!

Solución al test n.º 4

1. a) Un grupo de Estados miembros o del Parlamento Europeo, por recomendación del Banco Central Europeo o a petición del Tribunal de Justicia o del Banco Europeo de Inversiones.

2. c) Un grupo de al menos un millón de ciudadanos de la Unión, que sean nacionales de una cuarta parte de Estados miembros, podrá tomar la iniciativa de invitar a la Comisión Europea, en el marco de sus atribuciones, a que presente una propuesta adecuada sobre cuestiones que estos ciudadanos estimen que requieren un acto jurídico de la Unión para los fines de la aplicación de los Tratados.

3. b) Ordinario y simplificados.

4. a) El Reglamento.

5. b) La Directiva.

6. b) No serán vinculantes.

7. d) Todas son correctas.

8. b) Prevalece sobre cualquier norma estatal.

9. d) Todas son correctas.

10. a) En los casos específicos previstos por los Tratados, los actos legislativos podrán ser adoptados por iniciativa de un grupo de Estados miembros o del Parlamento Europeo, por recomendación del Banco Central Europeo o a petición del Tribunal de Justicia o del Banco Europeo de Inversiones.

11. d) Todas son correctas.

12. a) Primacía.

13. b) Efecto directo.

14. d) Un acto legislativo podrá delegar en la Comisión los poderes para adoptar actos no legislativos de alcance general que completen o modifiquen determinados elementos no esenciales del acto legislativo.

15. d) Todas son correctas.

16. b) Directiva.

17. b) Su publicación en el DOUE.

18. d) Las respuestas a) y b) son correctas.

19 a) General porque se predica no solo del derecho originario, sino también de las demás fuentes del ordenamiento, es decir, la primacía beneficia al ordenamiento comunitario en su conjunto.

20. b) Es un sistema jerarquizado de fuentes.

Las instituciones de la Unión Europea: el Parlamento, el Consejo Europeo, el Consejo y la Comisión. Otras instituciones

1. El Tribunal de Justicia de la Unión Europea comprenderá:

a) El Tribunal de Justicia, el Tribunal General y los tribunales especializados.
b) El Tribunal de Justicia y el Tribunal General.
c) El Tribunal de Justicia, el Tribunal General, los tribunales especializados y el Tribunal de Primera Instancia.
d) El Tribunal de Justicia y los tribunales especializados.

2. El Consejo está compuesto por:

a) Un representante de cada Estado miembro, de rango ministerial, facultado para comprometer al Gobierno del Estado miembro al que represente y para ejercer el derecho de voto.
b) Los Jefes de Estado o de Gobierno de los Estados miembros, así como por su Presidente y por el Presidente de la Comisión.
c) Los Jefes de Estado o de Gobierno de los países miembros.
d) Todas son falsas.

3. Excepto cuando los Tratados dispongan otra cosa, el Consejo se pronunciará por:

a) Mayoría simple.
b) Unanimidad.
c) Mayoría cualificada.
d) Mayoría simple y cualificada.

4. ¿Cuál es el órgano ejecutivo de la Unión Europea?

a) El Consejo.
b) El Consejo Europeo.
c) La Comisión.
d) El Presidente de la Comisión.

5. Los miembros de la Comisión son nombrados por:

a) El Parlamento.
b) El Parlamento y el Consejo Europeo de forma conjunta.
c) El Consejo Europeo, por mayoría cualificada.
d) El Consejo, por mayoría cualificada.

6. Señala la respuesta verdadera:

a) El Parlamento Europeo y el Consejo estarán asistidos por un Comité Económico y Social y por un Comité de las Regiones que ejercerán funciones consultivas.
b) El Parlamento Europeo, el Consejo y la Comisión estarán asistidos por un Comité Económico y Social y por un Comité de las Regiones que ejercerán funciones consultivas.
c) El Parlamento Europeo, el Consejo, la Comisión y el Tribunal de Justicia estarán asistidos por un Comité Económico y Social y por un Comité de las Regiones que ejercerán funciones consultivas.
d) Todas las respuestas son falsas.

7. El Parlamento Europeo:

a) Estará compuesto por representantes de los ciudadanos de la Unión.
b) La representación de los ciudadanos será decrecientemente proporcional, con un mínimo de seis diputados por Estado miembro.
c) No se asignará a ningún Estado miembro más de noventa y seis escaños.
d) Todas las respuestas son verdaderas.

8. Los Diputados al Parlamento Europeo serán elegidos para un mandato de:

a) Cuatro años.
b) Seis años.
c) Cinco años.
d) Todas son falsas.

9. El presupuesto anual de la UE es decidido (aprobado):

a) Conjuntamente por el Consejo y el Parlamento, por un procedimiento especial.
b) Por el Parlamento.
c) Por la Comisión.
d) Por la Comisión y el Parlamento, por un procedimiento ordinario.

10. El Coreper es:

a) La representación de cada miembro ante la UE.
b) Un órgano de la Comisión.

c) Un órgano del Parlamento.
d) La reunión de los miembros de la Comisión.

11. La Mesa del Parlamento tiene los siguientes Vicepresidentes:

a) 14.
b) 15.
c) 16.
d) 5.

12. La Comisión se designa para un periodo de:

a) 5 años.
b) 6 años.
c) 4 años.
d) El que determine el Parlamento.

13. La sede de la Comisión está en:

a) Estrasburgo.
b) Bruselas.
c) Luxemburgo.
d) París.

14. El mandato de los miembros de la Comisión será:

a) Renovable por una sola vez.
b) Renovable.
c) No será renovable.
d) Renovable cuando así lo determine el Parlamento.

15. Los acuerdos de la Comisión se adoptarán:

a) Por unanimidad.
b) Por mayoría cualificada.
c) Por 2/3 partes.
d) Por mayoría del número de miembros.

16. El Tribunal de Justicia de la Unión Europea tendrá su sede en:

a) Luxemburgo.
b) Bruselas.
c) Frankfurt.
d) La Haya.

17. El Presidente de la Comisión:

a) Definirá las orientaciones con arreglo a las cuales la Comisión desempeñará sus funciones.

b) Determinará la organización interna de la Comisión velando por la coherencia, eficacia y colegialidad de su actuación.

c) Nombrará Vicepresidentes, distintos del Alto Representante de la Unión para Asuntos Exteriores y Política de Seguridad, de entre los miembros de la Comisión.

d) Todas las respuestas son verdaderas.

18. Respecto a las elecciones al Parlamento Europeo, en España se ha optado porque:

a) La circunscripción electoral sea única para todo el territorio nacional.

b) La circunscripción electoral sea por Comunidades Autónomas.

c) La circunscripción electoral sea por provincias.

d) Todas las respuestas son falsas.

19. La Institución en la que están representados los intereses nacionales y por ello encarna el principio de la representación de los Estados en la Unión Europea, es:

a) El Consejo.

b) La Comisión.

c) El Parlamento.

d) Todas las respuestas son verdaderas.

20. En relación con la Comisión:

a) Solamente los nacionales de los Estados miembros podrán ser miembros de la Comisión.

b) Los miembros de la Comisión ejercerán sus funciones con absoluta independencia y en interés general de su país.

c) Los miembros de la Comisión podrán, mientras dure su mandato, ejercer actividades profesionales, retribuidas o no, solamente fuera de la Comunidad.

d) Todas las respuestas son verdaderas.

En MADTEST tienes **más preguntas de este tema**, y todos tus avances quedan registrados y se reflejan en el ranking.

¡Supera tus límites con MADTEST!

Solución al test n.º 5

1. a) El Tribunal de Justicia, el Tribunal General y los tribunales especializados.

2. a) Un representante de cada Estado miembro, de rango ministerial, facultado para comprometer al Gobierno del Estado miembro al que represente y para ejercer el derecho de voto.

3. c) Mayoría cualificada.

4. c) La Comisión.

5. c) El Consejo Europeo, por mayoría cualificada.

6. b) El Parlamento Europeo, el Consejo y la Comisión estarán asistidos por un Comité Económico y Social y por un Comité de las Regiones que ejercerán funciones consultivas.

7. d) Todas las respuestas son verdaderas.

8. c) Cinco años.

9. a) Conjuntamente por el Consejo y el Parlamento, por un procedimiento especial.

10. a) La representación de cada miembro ante la UE.

11. a) 14.

12. a) 5 años.

13. b) Bruselas.

14. b) Renovable.

15. d) Por mayoría del número de miembros.

16. a) Luxemburgo.

17. d) Todas las respuestas son verdaderas.

18. a) La circunscripción electoral sea única para todo el territorio nacional.

19. a) El Consejo.

20. a) Solamente los nacionales de los Estados miembros podrán ser miembros de la Comisión.

Las competencias de la Unión Europea. El marco de atribuciones concedidas por los tratados. El desarrollo de las competencias de la Unión

1. La unión aduanera es competencia en la UE:

a) Exclusiva.
b) Compartida.
c) De apoyo.
d) No es competencia de la Unión Europea.

2. El medio ambiente es competencia de la Unión Europea:

a) Exclusiva.
b) Compartida.
c) De apoyo.
d) No es competencia de la Unión Europea.

3. La delimitación de las competencias de la Unión se rige por el principio de:

a) Subsidiariedad.
b) Proporcionalidad.
c) Atribución.
d) Igualdad.

4. El ejercicio de las competencias de la Unión se rige por los principios de:

a) Atribución.
b) Solidaridad y proporcionalidad.
c) Subsidiariedad y proporcionalidad.
d) Proporcionalidad y unidad.

5. Toda competencia no atribuida a la Unión en los Tratados corresponde:

a) Al Parlamento.
b) A la Comisión.

c) Al Consejo Europeo.
d) A los Estados miembros.

6. ¿A qué principio nos referimos cuando decimos que la Unión actúa dentro de los límites de las competencias que le atribuyen los Estados miembros en los Tratados para lograr los objetivos que estos determinan?

a) Subsidiariedad.
b) Proporcionalidad.
c) Atribución.
d) Subordinación.

7. ¿De acuerdo con qué principio el ejercicio de las competencias de la UE no puede superar lo estrictamente necesario para la consecución de los objetivos de los tratados?

a) Coordinación.
b) Subsidiariedad.
c) Proporcionalidad.
d) Atribución.

8. Señala la respuesta incorrecta. En salud pública la UE tiene competencia:

a) Compartida en asuntos comunes de seguridad en materia de salud pública, en los aspectos definidos en el Tratado.
b) Acciones de apoyo, coordinación y complemento en materia de protección y mejora de la salud humana.
c) Exclusiva en materia de sanidad.
d) No existe ninguna incorrecta.

9. Las categorías y ámbitos competenciales de la Unión Europea vienen reguladas en:

a) El TUE.
b) El TFUE.
c) El Tratado de Niza.
d) Los Protocolos anexos al TFUE.

10. Cuando los Tratados atribuyan a la Unión una competencia compartida con los Estados miembros en un ámbito determinado:

a) La Unión y los Estados miembros podrán legislar y adoptar acuerdos jurídicamente no vinculantes en dicho ámbito.
b) La Unión y los Estados miembros podrán legislar y adoptar acuerdos jurídicamente vinculantes en dicho ámbito.

c) Solamente podrán legislar los Estados miembros en coordinación con la UE.
d) Solamente podrá legislar la UE en coordinación con los Estados miembros.

11. De acuerdo con el TFUE, cuando los Tratados atribuyan a la Unión una competencia exclusiva en un ámbito determinado:

a) Solo la Unión podrá legislar y adoptar acuerdos jurídicamente vinculantes, mientras que los Estados miembros nunca podrán Intervenir en esa materia.
b) Solo la Unión podrá legislar y adoptar acuerdos jurídicamente vinculantes, mientras que los Estados miembros únicamente podrán hacerlo si son facultados por la Unión o para aplicar actos de la Unión.
c) La Unión podrá legislar y adoptar acuerdos jurídicamente vinculantes conjuntamente con los Estados miembros.
d) Solo la Unión podrá legislar y adoptar acuerdos jurídicamente vinculantes y no vinculantes, mientras que los Estados miembros podrán participar cuando así lo autorice el Parlamento Europeo.

12. Señala la respuesta correcta:

a) La Unión dispondrá de competencia de conformidad con lo dispuesto en el Tratado de la Unión Europea para definir y aplicar una política exterior y de seguridad común, incluida la definición progresiva de política común de defensa.
b) La Unión dispondrá de competencia de conformidad con lo dispuesto en el Tratado de la Unión Europea para definir y aplicar una política exterior y de seguridad común, excluida la definición progresiva de política común de defensa.
c) La Unión dispondrá de competencia exclusiva para política exterior y de seguridad común, incluida la política común de defensa.
d) La Unión dispondrá de competencia para planificar una política exterior y de seguridad común en coordinación con los Estados miembros.

13. La energía es competencia:

a) Exclusiva.
b) Compartida.
c) Apoyo.
d) Coordinación.

14. En los ámbitos de cooperación para el desarrollo y de la ayuda humanitaria, la Unión dispondrá:

a) De una competencia exclusiva.
b) De competencias para llevar a cabo acciones y una política común, sin que el ejercicio de esta competencia pueda tener por efecto impedir a los Estados miembros ejercer la suya.

c) De competencias para llevar a cabo acciones y una política común, teniendo en cuenta que el ejercicio de esta competencia pueda tener por efecto impedir a los Estados miembros ejercer la suya.

d) No dispone de competencia alguna.

15. Respecto de la política económica:

a) Es competencia exclusiva de la UE.

b) Los Estados miembros coordinarán sus políticas económicas en el seno de la Unión. Con este fin, el Parlamento adoptará medidas, en particular las orientaciones generales de dichas políticas.

c) Los Estados miembros coordinarán sus políticas económicas y monetarias en el seno de la Unión. Con este fin, el Consejo Europeo adoptará medidas, en particular las orientaciones generales de dichas políticas.

d) Los Estados miembros coordinarán sus políticas económicas en el seno de la Unión. Con este fin, el Consejo adoptará medidas, en particular las orientaciones generales de dichas políticas.

16. Respecto de las políticas sociales de los Estados miembros:

a) La Unión no puede actuar en dicho ámbito.

b) Podrá actuar siempre y cuando el Estado miembro lo permita.

c) La Unión podrá tomar iniciativas para garantizar la coordinación de las políticas sociales de los Estados miembros.

d) La Unión tendrá competencia exclusiva en ese ámbito.

17. En los ámbitos de la investigación y el espacio, la Unión:

a) No dispone de competencia alguna.

b) Dispone de competencias exclusivas.

c) Dispondrá de competencias para llevar acciones, en particular destinadas a definir y realizar programas, sin que el ejercicio de esta competencia pueda tener por efecto impedir a los Estados miembros ejercer la suya.

d) Dispondrá de competencias para llevar acciones, en particular destinadas a definir y realizar programas, impidiendo así que los Estados miembros ejerzan la suya.

18. En Redes transeuropeas, la Unión tendrá competencia:

a) Compartida.

b) Exclusiva.

c) De coordinación.

d) De apoyo.

19. La Unión dispondrá de la competencia exclusiva para la celebración de un acuerdo internacional:

a) Cuando dicha celebración esté prevista en un acto legislativo de la Unión.
b) Cuando sea necesaria para permitirle ejercer su competencia interna.
c) En la medida en que pueda afectar a normas comunes o alterar el alcance de las mismas.
d) Todas las respuestas son correctas.

20. El alcance y las condiciones de ejercicio de las competencias de la Unión se determinarán:

a) Necesariamente a través de Reglamentos.
b) Como norma a través de Directivas.
c) En las disposiciones de los Tratados relativas a cada ámbito.
d) En el TFUE.

En MADTEST tienes **más preguntas de este tema**, y todos tus avances quedan registrados y se reflejan en el ranking.

¡Supera tus límites con MADTEST!

Solución al test n.º 6

1. a) Exclusiva.

2. b) Compartida.

3. c) Atribución.

4. c) Subsidiariedad y proporcionalidad.

5. d) A los Estados miembros.

6. c) Atribución.

7. c) Proporcionalidad.

8. c) Exclusiva en materia de sanidad.

9. b) El TFUE.

10. b) La Unión y los Estados miembros podrán legislar y adoptar acuerdos jurídicamente vinculantes en dicho ámbito.

11. b) Solo la Unión podrá legislar y adoptar acuerdos jurídicamente vinculantes, mientras que los Estados miembros únicamente podrán hacerlo si son facultados por la Unión o para aplicar actos de la Unión.

12. a) La Unión dispondrá de competencia de conformidad con lo dispuesto en el Tratado de la Unión Europea para definir y aplicar una política exterior y de seguridad común, incluida la definición progresiva de política común de defensa.

13. b) Compartida.

14. b) De competencias para llevar a cabo acciones y una política común, sin que el ejercicio de esta competencia pueda tener por efecto impedir a los Estados miembros ejercer la suya.

15. d) Los Estados miembros coordinarán sus políticas económicas en el seno de la Unión. Con este fin, el Consejo adoptará medidas, en particular las orientaciones generales de dichas políticas.

16. c) La Unión podrá tomar iniciativas para garantizar la coordinación de las políticas sociales de los Estados miembros.

17. c) Dispondrá de competencias para llevar acciones, en particular destinadas a definir y realizar programas, sin que el ejercicio de esta competencia pueda tener por efecto impedir a los Estados miembros ejercer la suya.

18. a) Compartida.

19. d) Todas las respuestas son verdaderas.

20. c) En las disposiciones de los Tratados relativas a cada ámbito.

Ley 31/1995, de 8 de noviembre, de Prevención de Riesgos Laborales: Capítulo III

1. ¿Qué se entiende por "riesgo laboral"?

a) La posibilidad de que un trabajador sufra un determinado daño derivado del trabajo.
b) La posibilidad de que un trabajador sufra una enfermedad en el trabajo.
c) La posibilidad de que un trabajador sufra acoso.
d) El riesgo que supone el ir a trabajar.

2. Indica cuál es la definición de prevención:

a) La probabilidad racional de que un riesgo se materialice de forma inminente.
b) El estudio de los procesos potencialmente peligrosos para el trabajo.
c) Conjunto de actividades o medidas adoptadas o previstas en todas las fases de actividad de la empresa con el fin de evitar o disminuir los riesgos derivados del trabajo.
d) Posibilidad de que un trabajador sufra un determinado daño derivado del trabajo.

3. Según establece el art. 4 de la Ley 31/1995, de 8 de noviembre, de Prevención de Riesgos Laborales, se define como daños derivados del trabajo:

a) La posibilidad de que un trabajador sufra un determinado daño derivado del trabajo.
b) El que resulte probable racionalmente que se materialice en un futuro inmediato y pueda suponer y pueda suponer un daño grave para la salud de los trabajadores.
c) Las enfermedades, patologías o lesiones sufridas con motivo u ocasión del trabajo.
d) Cualquier máquina, aparato, instrumento o instalación utilizada en el trabajo.

4. El objeto y carácter de la norma de la Ley 31/95 de Prevención de Riesgos Laborales dice:

a) La presente Ley tiene por objeto promover la salud de los trabajadores mediante la aplicación de medidas y el desarrollo de las actividades necesarias para la prevención de riesgos derivados del trabajo.
b) La presente Ley tiene por objeto promover la seguridad y la salud de los trabajadores mediante la aplicación de medidas y el desarrollo de las actividades necesarias para la prevención de riesgos derivados del trabajo.

c) La presente Ley tiene por objeto promover la seguridad de los trabajadores mediante la aplicación de medidas y el desarrollo de las actividades necesarias para la prevención de riesgos derivados del trabajo.

d) La presente Ley tiene por objeto promover la seguridad, la salud de los trabajadores y la negociación entre empresa y delegados de prevención, mediante la aplicación de medidas y el desarrollo de las actividades necesarias para la prevención de riesgos derivados del trabajo.

5. Cualquier característica del trabajo que pueda tener una influencia significativa en la generación de riesgos para la seguridad y la salud del trabajador, es:

a) Una condición de trabajo.
b) Un factor de riesgo.
c) Un proceso potencialmente peligroso.
d) Una zona peligrosa.

6. Toda lesión corporal que el trabajador sufra con ocasión del trabajo que ejerza por cuenta ajena:

a) Es un riesgo laboral.
b) Es un accidente.
c) Es una enfermedad profesional.
d) Es una simple circunstancia.

7. Señala la respuesta incorrecta:

a) La Ley de Prevención de Riesgos Laborales se aplica a los operativos de Seguridad civil en casos de catástrofe.
b) La Ley de Prevención de Riesgos Laborales se aplica a las sociedades cooperativas.
c) En el ámbito de la relación laboral de carácter especial del servicio del hogar familiar, las personas trabajadoras tienen derecho a una protección eficaz en materia de seguridad y salud en el trabajo.
d) En los establecimientos penitenciarios, se adaptarán a la Ley de Prevención de Riesgos Laborales aquellas actividades cuyas características justifiquen una regulación especial.

8. Para calificar un riesgo desde el punto de vista de su gravedad, se valorarán conjuntamente la severidad del daño y:

a) La probabilidad de que se produzca.
b) La cantidad de trabajadores de la empresa.
c) La existencia o no de equipos individuales de protección.
d) Las condiciones de trabajo.

9. ¿Quién debe garantizar a los trabajadores la vigilancia periódica de su estado de salud en función de los riesgos inherentes al trabajo?

a) La Inspección de Trabajo.
b) El propio trabajador.
c) El empresario.
d) Las secciones sindicales.

10. El derecho básico reconocido a los trabajadores por la Ley 31/1995, de 8 de noviembre, es:

a) La vigilancia de su estado de salud.
b) Una protección eficaz en materia de seguridad y salud en el trabajo.
c) La formación en materia preventiva.
d) La información, consulta y participación.

11. Entre los principios de la acción preventiva recogidos por el artículo 15 de la Ley de Prevención de Riesgos Laborales, no figura:

a) Evitar los riesgos.
b) Evaluar los riesgos que se puedan evitar.
c) Tener en cuenta la evolución de la técnica.
d) Dar las debidas instrucciones a los trabajadores.

12. En el marco de sus responsabilidades, el empresario realizará la prevención de los riesgos laborales mediante la integración en la empresa de:

a) Los equipos de protección individual.
b) Los Servicios de Prevención propios.
c) La actividad preventiva.
d) La normativa comunitaria.

13. Es un instrumento esencial para la gestión y aplicación del Plan de prevención de riesgos laborales:

a) La jerarquización de la estructura preventiva.
b) La elección de los equipos de trabajo.
c) La evaluación de riesgos.
d) La vigilancia de la salud.

14. La prevención de riesgos laborales deberá integrarse en el sistema general de gestión de la empresa a través de:

a) La política preventiva.
b) El plan de prevención.
c) El consenso de las partes.
d) El poder de decisión del empresario.

15. Podrán realizar el plan de prevención de riesgos laborales, la evaluación de riesgos y la planificación de la actividad preventiva de forma simplificada, en atención a la naturaleza y peligrosidad de las actividades realizadas, empresas cuyo número de trabajadores no exceda de:

a) 30.
b) 50.
c) 80.
d) 100.

16. Entre las obligaciones de los trabajadores recogidas por la Ley de Prevención de Riesgos Laborales, no figura:

a) Informar directamente al empresario de cualquier situación que entrañe riesgo para la seguridad o salud de los trabajadores.

b) Contribuir al cumplimiento de las obligaciones establecidas por la autoridad competente con el fin de proteger la seguridad y la salud de los trabajadores en el trabajo.

c) Cooperar con el empresario para que este pueda garantizar unas condiciones de trabajo que sean seguras y no entrañen riesgos para la seguridad y la salud de los trabajadores.

d) Utilizar correctamente los medios y equipos de protección facilitados por el empresario, de acuerdo con las instrucciones recibidas de este.

17. El art. 21 de la LPRL establece los requisitos y el procedimiento para que los representantes legales de los trabajadores acuerden la paralización de la actividad de los trabajadores que están o puedan estar expuestos a un riesgo grave e inminente si el empresario no adopta las medidas necesarias para garantizar la seguridad y salud de los trabajadores. La medida será adoptada por:

a) Acuerdo por mayoría absoluta de sus miembros. Tal acuerdo será comunicado de inmediato a la empresa y a la autoridad laboral, la cual, en el plazo de 48 horas, anulará o ratificará la paralización acordada.

b) Acuerdo por mayoría de 2/3 de sus miembros. Tal acuerdo será comunicado de inmediato a la empresa y a la autoridad laboral, la cual, en el plazo de 24 horas, anulará o ratificará la paralización acordada.

c) Acuerdo por mayoría de sus miembros. Tal acuerdo será comunicado de inmediato a la empresa y a la autoridad laboral, la cual, en el plazo de 48 horas, anulará o ratificará la paralización acordada.

d) Acuerdo por mayoría de sus miembros. Tal acuerdo será comunicado de inmediato a la empresa y a la autoridad laboral, la cual, en el plazo de 24 horas, anulará o ratificará la paralización acordada.

18. El art. 29 de la LPRL establece las obligaciones de los trabajadores en materia de prevención de riesgos. De las siguientes no se considera una obligación del trabajador:

a) Utilizar correctamente los medios y equipos de protección facilitados por el empresario, de acuerdo con las instrucciones recibidas de este.

b) Usar adecuadamente, de acuerdo con su naturaleza y los riesgos previsibles, las máquinas, aparatos, herramientas, sustancias peligrosas, equipos de transporte y, en general, cualesquiera otros medios con los que desarrollen su actividad.

c) Informar de inmediato a su superior jerárquico directo, y a los trabajadores designados para realizar las actualizaciones que consideren oportunas en el equipo de protección individual.

d) No poner fuera de funcionamiento y utilizar correctamente los dispositivos de seguridad existentes o que se instalen en los medios relacionados con su actividad o en los lugares de trabajo en los que esta tenga lugar.

19. Los instrumentos esenciales para la gestión y aplicación del Plan de Prevención de Riesgos Laborales son:

a) La evaluación de riesgos y la planificación de la actividad preventiva.
b) La evaluación inicial de riesgos y la formación.
c) La planificación y la gestión de la actividad preventiva.
d) La identificación y la evaluación de los riesgos.

20. El posible cambio de puesto de trabajo con riesgo para una trabajadora embarazada:

a) Deberá realizarse en caso de imposibilidad de adaptación del propio puesto.
b) Se hará previo informe en tal sentido del Servicio de Prevención.
c) Se determinará por el empresario, y dará información a los representantes de los trabajadores.
d) Se extenderá al período de lactancia.

Solución al test n.º 7

1. a) La posibilidad de que un trabajador sufra un determinado daño derivado del trabajo.

2. c) Conjunto de actividades o medidas adoptadas o previstas en todas las fases de actividad de la empresa con el fin de evitar o disminuir los riesgos derivados del trabajo.

3. c) Las enfermedades, patologías o lesiones sufridas con motivo u ocasión del trabajo.

4. b) La presente Ley tiene por objeto promover la seguridad y la salud de los trabajadores mediante la aplicación de medidas y el desarrollo de las actividades necesarias para la prevención de riesgos derivados del trabajo.

5. a) Una condición de trabajo.

6. b) Es un accidente.

7. a) La Ley de Prevención de Riesgos Laborales se aplica a los operativos de Seguridad civil en casos de catástrofe.

8. a) La probabilidad de que se produzca.

9. c) El empresario.

10. b) Una protección eficaz en materia de seguridad y salud en el trabajo.

11. b) Evaluar los riesgos que se puedan evitar.

12. c) La actividad preventiva.

13. c) La evaluación de riesgos.

14. b) El plan de prevención.

15. b) 50.

16. a) Informar directamente al empresario de cualquier situación que entrañe riesgo para la seguridad o salud de los trabajadores.

17. d) Acuerdo por mayoría de sus miembros. Tal acuerdo será comunicado de inmediato a la empresa y a la autoridad laboral, la cual, en el plazo de 24 horas, anulará o ratificará la paralización acordada.

18. c) Informar de inmediato a su superior jerárquico directo, y a los trabajadores designados para realizar las actualizaciones que consideren oportunas en el equipo de protección individual.

19. a) La evaluación de riesgos y la planificación de la actividad preventiva.

20. a) Deberá realizarse en caso de imposibilidad de adaptación del propio puesto.

BLOQUE II

TEST N.º 1

Ley 39/2015, de 1 de octubre, del Procedimiento Administrativo Común de las Administraciones Públicas: Títulos Preliminar, I, II, III, IV y V

1. Uno de los objetos que regula la Ley 39/2015, de 1 de octubre, es el procedimiento administrativo común a todas las Administraciones Públicas. ¿Cuál es la justificación jurídica de esta reserva material?

a) El Preámbulo de la Ley 30/1992, de 26 de noviembre, de Régimen Jurídico de las Administraciones Públicas y del Procedimiento Administrativo Común.
b) La Ley de Régimen Jurídico de la Administración del Estado, de 26 de julio de 1957.
c) El artículo 149.1.18 de la Constitución española de 1978.
d) La Ley de Procedimiento Administrativo de 17 de julio de 1958.

2. La Ley 39/2015, de 1 de octubre, tiene por objeto regular los requisitos de validez y eficacia de los actos administrativos. ¿A qué se refiere el concepto de validez de un acto administrativo?

a) La validez de un acto administrativo se refiere a la capacidad de este para generar efectos ante terceros.
b) La validez de un acto administrativo se refiere a que la notificación del mismo se haya practicado de forma satisfactoria.
c) La validez de un acto administrativo se refiere a que el acto administrativo se haya publicado si forma parte de un procedimiento selectivo o de concurrencia competitiva de cualquier tipo.
d) La validez de un acto administrativo se refiere a la adecuación a derecho de todos sus elementos.

3. El procedimiento administrativo común a todas las Administraciones Públicas, que es objeto de regulación por la Ley 39/2015, de 1 de octubre, ¿incluye el de reclamación de responsabilidad de las Administraciones Públicas?

a) No, el procedimiento de reclamación de responsabilidad de las Administraciones Públicas se regula en el Real decreto 1398/1993, de 4 de agosto, por el que se aprueba el Reglamento de los procedimientos de las Administraciones Públicas en materia de responsabilidad patrimonial.

b) Sí, el procedimiento de reclamación de responsabilidad de las Administraciones Públicas se incluye en el procedimiento administrativo común aunque la Ley 39/2015, de 1 de octubre, deriva su regulación al Real decreto 429/1993, de 26 de marzo, por el que se aprueba el Reglamento de los procedimientos de las Administraciones Públicas en materia de responsabilidad patrimonial.

c) No, solo incluye el procedimiento sancionador.

d) Sí.

4. ¿A qué capacidad se refiere el art. 3 de la Ley 39/2015, de 1 de diciembre, en relación con las personas físicas?

a) A la capacidad jurídica.

b) A la capacidad para ser titular de derechos subjetivos.

c) A la capacidad para ser titular de deberes jurídicos.

d) A la capacidad de obrar.

5. Los menores de edad, ¿tienen capacidad de obrar ante las Administraciones Públicas?

a) Sí, en todo caso, para el ejercicio y defensa de aquellos de sus derechos e intereses cuya actuación esté permitida por el ordenamiento jurídico sin la asistencia de la persona que ejerza la patria potestad, tutela o curatela.

b) No, en ningún caso; únicamente tendrán capacidad de obrar ante las Administraciones Públicas, las personas físicas mayores de edad no incapacitadas.

c) Sí, para el ejercicio y defensa de aquellos de sus derechos e intereses cuya actuación esté permitida por el ordenamiento jurídico sin la asistencia de la persona que ejerza la patria potestad, tutela o curatela, aunque sean menores incapacitados, siempre que la extensión de la incapacitación no afecte al ejercicio y defensa de los derechos o intereses de que se trate.

d) Sí, excepto los menores incapacitados.

6. Excepto el supuesto previsto por el artículo 3.b) de la Ley 39/2015, de 1 de octubre, los menores de edad no tienen capacidad de obrar ante las Administraciones Públicas, y necesitan de la asistencia de la persona que ejerza la patria potestad, tutela o curatela. En relación con la patria potestad, señala cuál de los siguientes enunciados es incorrecto:

a) La patria potestad, como responsabilidad parental, se ejercerá siempre en interés de los hijos, de acuerdo con su personalidad, y con respeto a sus derechos, su integridad física y mental.

b) El ejercicio de la patria potestad comprende representar a sus hijos y administrar sus bienes.

c) Los hijos emancipados están bajo la patria potestad de los progenitores.

d) Si los hijos tuvieren suficiente madurez deberán ser oídos siempre antes de adoptar decisiones que les afecten.

7. ¿Quiénes de los siguientes están sujetos a tutela?

a) Los menores emancipados que estén bajo la patria potestad.
b) Los menores no emancipados que no estén bajo la patria potestad.
c) Los menores emancipados que no estén bajo la patria potestad.
d) Los hijos no emancipados.

8. Tendrán capacidad de obrar ante las Administraciones Públicas las personas jurídicas que ostenten capacidad de obrar con arreglo a las normas civiles. ¿En qué momento adquirirán esta capacidad?

a) Desde el instante mismo en que, con arreglo a derecho, hubiesen quedado válidamente constituidas.
b) Las personas jurídicas adquirirán su capacidad de obrar en los mismos términos que las personas físicas.
c) En el momento en que finalice su personalidad.
d) Las personas jurídicas no tienen capacidad de obrar ante las Administraciones Públicas sino capacidad jurídica.

9. En aplicación del art. 3 de la Ley 39/2015, de 1 de octubre, NO tendrán capacidad de obrar ante las Administraciones Públicas:

a) Las personas físicas incapacitadas.
b) Las personas jurídicas que ostenten capacidad de obrar con arreglo a las normas civiles.
c) Los menores incapacitados, cuando la extensión de la incapacitación afecte al ejercicio y defensa de los derechos e intereses cuya actuación les estuviese permitida por el ordenamiento jurídico, sin la asistencia de la persona que ejerza la patria potestad, tutela o curatela.
d) Las asociaciones de interés público reconocidas por la ley.

10. Señala la respuesta incorrecta. La Administración está obligada a dictar resolución expresa en todos los procedimientos y a notificarla cualquiera que sea su forma de iniciación. En los casos de prescripción, renuncia del derecho, caducidad del procedimiento o desistimiento de la solicitud, así como la desaparición sobrevenida del objeto del procedimiento, la resolución consistirá, conforme al artículo 21.1 de la Ley 39/2015, de 1 de octubre, de Procedimiento Administrativo Común de las Administraciones Públicas:

a) En la declaración de la circunstancia que concurra en cada caso.
b) Con indicación de los hechos producidos.
c) Con indicación de las normas aplicables.
d) Con indicación de las pruebas practicadas.

11. La Administración está obligada a dictar resolución expresa en todos los procedimientos y a notificarla cualquiera que sea su forma de iniciación. Se exceptúan de esta obligación, de acuerdo con el artículo 21.1 de la Ley 39/2015, de 1 de octubre, de Procedimiento Administrativo Común de las Administraciones Públicas:

a) Los supuestos de terminación del procedimiento por pacto o convenio.
b) Los procedimientos relativos al ejercicio de derechos sometidos únicamente al deber de declaración responsable o comunicación a la Administración.
c) Los procedimientos sancionadores.
d) Las respuestas a) y b) son correctas.

12. El plazo máximo en el que debe notificarse la resolución expresa, conforme al artículo 21.1 de la Ley 39/2015, de 1 de octubre, de Procedimiento Administrativo Común de las Administraciones Públicas será:

a) El fijado por la norma reguladora del correspondiente procedimiento.
b) No podrá exceder de seis meses salvo que una norma con rango de ley establezca uno mayor.
c) No podrá exceder de seis meses salvo que venga previsto en la normativa comunitaria europea.
d) Será de tres meses.

13. De acuerdo con el artículo 21.3.a) de la Ley 39/2015, de 1 de octubre, de Procedimiento Administrativo Común de las Administraciones Públicas, el plazo máximo en el que debe notificarse la resolución expresa se contarán en los procedimientos iniciados de oficio:

a) Desde la fecha del acuerdo de iniciación.
b) Desde la fecha en que la solicitud haya tenido entrada en el registro del órgano competente para su tramitación.
c) Desde la fecha en que la solicitud haya tenido entrada en el registro del órgano receptor de la solicitud.
d) Desde la fecha de notificación del acuerdo de iniciación.

14. El plazo máximo en el que debe notificarse la resolución expresa se contarán en los procedimientos a solicitud del interesado:

a) Desde la fecha del acuerdo de iniciación.
b) Desde la fecha en que la solicitud haya tenido entrada en el registro del órgano competente para su tramitación o desde la fecha en que la solicitud haya tenido entrada en el registro electrónico de la Administración u Organismo competente para su tramitación.
c) Desde la fecha en que la solicitud haya tenido entrada en el registro del órgano receptor de la solicitud.
d) Desde la fecha de notificación del acuerdo de iniciación.

15. En todo caso, las Administraciones Públicas informarán a los interesados del plazo máximo normativamente establecido para la resolución y notificación de los procedimientos, así como de los efectos que pueda producir el silencio administrativo, incluyendo dicha mención en la notificación o publicación del acuerdo de iniciación de oficio, o en comunicación que se les dirigirá al efecto dentro de:

a) Los diez días siguientes a la recepción de la solicitud en el registro del órgano competente para su tramitación.

b) Los diez días siguientes a la recepción de la solicitud en el registro del órgano receptor.

c) Los diez días naturales siguientes a la recepción de la solicitud en el registro del órgano competente para su tramitación o en el registro electrónico de la Administración u Organismo competente para su tramitación.

d) Los diez días naturales siguientes a la recepción de la solicitud en el registro del órgano receptor.

16. Conforme al artículo 30.2 de la Ley 39/2015, de 1 de octubre, de Procedimiento Administrativo Común de las Administraciones Públicas, siempre que por ley o en el Derecho de la Unión Europea no se exprese otra cosa, cuando los plazos se señalen por días, se entiende que estos son:

a) Hábiles, excluyéndose del cómputo los sábados, domingos y los declarados festivos.

b) Naturales, y se hará constar esta circunstancia en las correspondientes notificaciones.

c) Hábiles, excluyéndose del cómputo los domingos y los declarados festivos.

d) De fecha a fecha.

17. Señala la respuesta incorrecta. De acuerdo con el artículo 30.2 de la Ley 39/2015, de 1 de octubre, de Procedimiento Administrativo Común de las Administraciones Públicas, si el plazo se fija en meses o años, estos se computarán:

a) A partir del día siguiente a aquel en que tenga lugar la notificación del acto de que se trate.

b) A partir del día siguiente a aquel en que tenga lugar la publicación del acto de que se trate.

c) Desde el día siguiente a aquel en que se produzca la estimación o desestimación por silencio administrativo.

d) Desde el día en que se produzca la estimación o desestimación por silencio administrativo.

18. Los registros telemáticos permitirán la entrada de documentos electrónicos a través de redes abiertas de telecomunicación todos los días del año:

a) Durante las veinticuatro horas del día.

b) Desde las 20 a las 24 horas.

c) Desde las 00 hasta las 8 horas.

d) Desde las 15 hasta las 24 horas.

19. En el procedimiento administrativo, si los plazos se expresan en días, conforme a la Ley 39/2015, de 1 de octubre, del Procedimiento Administrativo Común de las Administraciones Públicas:

a) Se entenderán hábiles excluyéndose los domingos.

b) Se entenderán hábiles excluyéndose los sábados, los domingos y festivos.

c) Se entenderán naturales.

d) Se computarán todos los días del plazo.

20. Si en el mes de vencimiento, no hubiera día equivalente a aquel en que comienza el plazo, este plazo se entenderá que expira:

a) El subsiguiente día hábil.

b) El primer día del mes sucesivo.

c) El día siguiente.

d) El último día del mes.

En MADTEST tienes **más preguntas de este tema**, y todos tus avances quedan registrados y se reflejan en el ranking.

¡Supera tus límites con MADTEST!

Solución al test n.º 1

1. c) El artículo 149.1.18 de la Constitución española de 1978.

2. d) La validez de un acto administrativo se refiere a la adecuación a derecho de todos sus elementos.

3. d) Sí.

4. d) A la capacidad de obrar.

5. c) Sí, para el ejercicio y defensa de aquellos de sus derechos e intereses cuya actuación esté permitida por el ordenamiento jurídico sin la asistencia de la persona que ejerza la patria potestad, tutela o curatela, aunque sean menores incapacitados, siempre que la extensión de la incapacitación no afecte al ejercicio y defensa de los derechos o intereses de que se trate.

6. c) Los hijos emancipados están bajo la patria potestad de los progenitores.

7. b) Los menores no emancipados que no estén bajo la patria potestad.

8. a) Desde el instante mismo en que, con arreglo a derecho, hubiesen quedado válidamente constituidas.

9. a) Las personas físicas incapacitadas.

10. d) Con indicación de las pruebas practicadas.

11. d) Las respuestas a) y b) son correctas.

12. a) El fijado por la norma reguladora del correspondiente procedimiento.

13. a) Desde la fecha del acuerdo de iniciación.

14. b) Desde la fecha en que la solicitud haya tenido entrada en el registro del órgano competente para su tramitación o desde la fecha en que la solicitud haya tenido entrada en el registro electrónico de la Administración u Organismo competente para su tramitación.

15. a) Los diez días siguientes a la recepción de la solicitud en el registro del órgano competente para su tramitación.

16. a) Hábiles, excluyéndose del cómputo los sábados, domingos y los declarados festivos.

17. d) Desde el día en que se produzca la estimación o desestimación por silencio administrativo.

18. a) Durante las veinticuatro horas del día.

19. b) Se entenderán hábiles excluyéndose los sábados, los domingos y festivos.

20. d) El último día del mes.

Ley 40/2015, de 1 de octubre, de Régimen Jurídico del Sector Público: Título Preliminar: Capítulos I, II (excepto subsección 2ª sección 3ª), III, IV y V del Título Preliminar

1. De los siguientes, ¿cuál no es un requisito exigido para la creación de cualquier órgano administrativo?

a) Determinación de su forma de integración en la Administración Pública de que se trate y su dependencia jerárquica.
b) Delimitación de sus funciones y competencias.
c) Dotación de los créditos necesarios para su puesta en marcha y funcionamiento.
d) Identificación de los órganos con los que vayan a causar duplicación de competencias.

2. En cuanto a la competencia de los órganos administrativos:

a) La competencia es renunciable por los órganos que la tengan atribuida.
b) La titularidad y el ejercicio de las competencias atribuidas a los órganos administrativos no podrán ser desconcentradas en otros jerárquicamente dependientes de aquéllos.
c) La encomienda de gestión, la delegación de firma y la suplencia no suponen alteración de la titularidad de la competencia, aunque sí de los elementos determinantes de su ejercicio que en cada caso se prevén.
d) Si alguna disposición atribuye competencia a una Administración, sin especificar el órgano que debe ejercerla, se entenderá que la facultad de instruir y resolver los expedientes corresponde a los órganos superiores competentes por razón de la materia y del territorio.

3. En referencia a los órganos administrativos, podrán delegar competencias relativas a:

a) Asuntos que se refieran a relaciones con la Jefatura del Estado.
b) La adopción de disposiciones de carácter general.
c) La resolución de recursos en los órganos administrativos que hayan dictado los actos objeto de recurso.
d) El ejercicio de la potestad sancionadora.

4. En relación a la delegación de competencias entre órganos administrativos, no es cierto que:

a) La delegación puede ser revocada en cualquier momento por el órgano que la haya conferido.

b) La delegación de competencias atribuidas a órganos colegiados, para cuyo ejercicio ordinario se requiera un quórum especial, deberá adoptarse observando, en todo caso, dicho quórum.

c) Las competencias que se ejercen por delegación pueden ser delegadas.

d) No podrán ser delegadas aquellas materias en que así se determine por norma con rango de ley.

5. En cuanto a la delegación de firma, es cierto que:

a) La delegación de firma altera la competencia del órgano delegante.

b) Para su validez es necesaria su publicación.

c) Solo puede delegarse la firma en materias que se ostenten por atribución.

d) En las resoluciones y actos que se firmen por delegación se hará constar la autoridad de procedencia.

6. En relación a los conflictos de atribuciones entre órganos administrativos, no es cierto que:

a) El órgano administrativo que se estime incompetente para la resolución de un asunto remitirá directamente las actuaciones al órgano que considere competente.

b) Los interesados que sean parte en el procedimiento podrán dirigirse al órgano que se encuentre conociendo de un asunto para que decline su competencia y remita las actuaciones al órgano competente.

c) Los interesados podrán dirigirse al órgano que estimen competente para que requiera de inhibición al que esté conociendo del asunto.

d) Los conflictos de atribuciones solo podrán suscitarse entre órganos de una misma Administración relacionados jerárquicamente.

7. En relación a las instrucciones y órdenes de servicio, no es cierto que:

a) El incumplimiento de las instrucciones u órdenes de servicio supone la invalidez de los actos dictados por los órganos administrativos.

b) Son normas de carácter interno, que no han de afectar a los administrados.

c) No requieren un especial procedimiento de elaboración.

d) Su cumplimiento se subordina al conocimiento de las mismas por sus destinatarios.

8. Las autoridades y el personal al servicio de las Administraciones se abstendrán de intervenir en el procedimiento (señala la opción incorrecta):

a) Cuando tengan interés personal en el asunto de que se trate o en otro en cuya resolución pudiera influir la de aquél.

b) Si tienen parentesco de consanguinidad o de afinidad dentro del cuarto grado, con cualquiera de los interesados.

c) Tener amistad íntima con los administradores de entidades o sociedades interesadas o con los asesores, representantes legales o mandatarios que intervengan en el procedimiento.

d) Haber tenido intervención como perito o como testigo en el procedimiento de que se trate.

9. Señala la opción correcta en relación con la abstención en el procedimiento:

a) La actuación de autoridades y personal al servicio de las Administraciones Públicas en los que concurran motivos de abstención implicará, necesariamente, la invalidez de los actos en que hayan intervenido.

b) Los órganos jerárquicamente superiores podrán ordenar a las personas en quienes se dé alguna de las circunstancias señaladas en el art. 23 de la LRJSP que se abstengan de toda intervención en el expediente.

c) La no abstención en los casos en que proceda no dará lugar a responsabilidad.

d) La enemistad manifiesta no es motivo de abstención en el procedimiento de una autoridad de la Administración Pública.

10. En lo concerniente a la recusación, a la que se refiere el art. 24 de la LRJSP:

a) La recusación deberá promoverse por los interesados antes de que se inicie la tramitación del procedimiento.

b) La recusación se planteará por escrito en el que se expresará la causa o causas en que se funda.

c) Si el recusado niega la causa de recusación, el superior resolverá en el plazo de tres meses, previos los informes y comprobaciones que considere oportunos.

d) Contra las resoluciones adoptadas en esta materia cabe recurso de alzada.

11. Los órganos administrativos podrán dirigir las actividades de sus órganos jerárquicamente dependientes mediante:

a) Instrucciones y Órdenes de servicio.

b) Circulares.

c) Notas de servicio y Recomendaciones.

d) Directrices y Avisos.

12. Según el artículo 7 de la LRJSP, la Administración consultiva podrá articularse a través de los servicios de la Administración activa que prestan asistencia jurídica. En tal caso, dichos servicios:

a) Estarán sujetos a dependencia jerárquica orgánica pero no funcional.

b) No podrán recibir instrucciones, directrices o cualquier clase de indicación de los órganos que hayan elaborado las disposiciones o producido los actos objeto de consulta.

c) Podrán actuar como órganos individuales o como órganos colegiados.

d) Podrán suponer duplicación de otros ya existentes para tener la posibilidad de contrastar pareceres.

13. En el caso de los Organismos públicos o Entidades vinculados o dependientes, la delegación de competencias deberá ser aprobada previamente por:

a) El titular del Ministerio o Consejería a la que se encuentren adscritos.
b) El titular del Ministerio o Consejería competente en materia de Presidencia.
c) El Consejo de Ministros o Consejo de Gobierno de la Comunidad Autónoma.
d) El órgano máximo de dirección, de acuerdo con sus normas de creación.

14. Cuando se trate de órganos no relacionados jerárquicamente, y el delegante y el delegado pertenecen a diferentes Ministerios, ¿se podrá realizar una delegación de competencias?

a) Sí, siempre que el delegante tenga igual o mayor rango que el delegado.
b) No, en ningún caso.
c) Sí, previa aprobación del órgano superior de quien dependa el órgano delegado.
d) Sí, previa aprobación del órgano superior común.

15. El acto que consiste en la transferencia del ejercicio de la competencia decisoria en un asunto concreto hecha mediante un acto de la Administración de contenido no normativo a favor de un órgano superior a aquél que la tiene atribuida como propia o delegada, con carácter general por razón de la materia, la jerarquía o el territorio; se denomina:

a) Invocación.
b) Avocación.
c) Derivación.
d) Alzamiento.

16. En relación a la avocación, es cierto que:

a) La avocación se realizará mediante acuerdo motivado que deberá ser notificado a los interesados en el procedimiento, si los hubiere, con anterioridad a la resolución final que se dicte.
b) Contra el acuerdo de avocación cabrá recurso de alzada, con independencia del que se pueda interponer contra la resolución del procedimiento.
c) En los supuestos de delegación de competencias en órganos no dependientes jerárquicamente, el conocimiento de un asunto podrá ser avocado únicamente por el órgano delegante.
d) Los órganos superiores no podrán avocar para sí el conocimiento de asuntos cuya resolución corresponda ordinariamente o por delegación a sus órganos administrativos dependientes.

17. En relación a la encomienda de gestión, es cierto que:

a) Supone cesión de la titularidad de la competencia.
b) Podrá efectuarse cuando no se posean los medios técnicos idóneos para su desempeño.

c) Podrá tener por objeto prestaciones propias de los contratos regulados en la legislación de contratos del sector público.

d) Supone la cesión de los elementos sustantivos de su ejercicio.

18. En relación a la suplencia, es cierto que:

a) Solo se producirá en casos de abstención o de recusación.

b) Implica alteración de la competencia.

c) Para su validez será necesaria su publicación.

d) Si no se designa suplente, la competencia del órgano administrativo se ejercerá por quien designe el órgano administrativo inmediato superior de quien dependa.

19. En relación a los órganos colegiados, NO es cierto que:

a) Tendrán un Secretario que podrá ser un miembro del propio órgano o una persona al servicio de la Administración Pública correspondiente.

b) Se podrán constituir, convocar, celebrar sus sesiones, adoptar acuerdos y remitir actas tanto de forma presencial como a distancia, salvo que su reglamento interno recoja expresa y excepcionalmente lo contrario.

c) Sus acuerdos serán adoptados por mayoría de votos.

d) El acuerdo de creación y las normas de funcionamiento de todos los órganos colegiados deberán ser publicados en el Boletín o Diario Oficial de la Administración Pública en que se integran.

20. Las infracciones administrativas se clasificarán por la Ley en:

a) Graves y leves.

b) Leves, graves y muy graves.

c) Leves, graves, menos graves y muy graves.

d) Muy graves, graves y menos graves.

En MADTEST tienes **más preguntas de este tema**, y todos tus avances quedan registrados y se reflejan en el ranking.

¡Supera tus límites con MADTEST!

Solución al test n.º 2

1. d) Identificación de los órganos con los que vayan a causar duplicación de competencias.

2. c) La encomienda de gestión, la delegación de firma y la suplencia no suponen alteración de la titularidad de la competencia, aunque sí de los elementos determinantes de su ejercicio que en cada caso se prevén.

3. d) El ejercicio de la potestad sancionadora.

4. c) Las competencias que se ejercen por delegación pueden ser delegadas.

5. d) En las resoluciones y actos que se firmen por delegación se hará constar la autoridad de procedencia.

6. d) Los conflictos de atribuciones solo podrán suscitarse entre órganos de una misma Administración relacionados jerárquicamente.

7. a) El incumplimiento de las instrucciones u órdenes de servicio supone la invalidez de los actos dictados por los órganos administrativos.

8. b) Si tienen parentesco de consanguinidad o de afinidad dentro del cuarto grado, con cualquiera de los interesados.

9. b) Los órganos jerárquicamente superiores podrán ordenar a las personas en quienes se dé alguna de las circunstancias señaladas en el art. 23 de la LRJSP que se abstengan de toda intervención en el expediente.

10. b) La recusación se planteará por escrito en el que se expresará la causa o causas en que se funda.

11. a) Instrucciones y Órdenes de servicio.

12. b) No podrán recibir instrucciones, directrices o cualquier clase de indicación de los órganos que hayan elaborado las disposiciones o producido los actos objeto de consulta.

13. d) El órgano máximo de dirección, de acuerdo con sus normas de creación.

14. c) Sí, previa aprobación del órgano superior de quien dependa el órgano delegado.

15. b) Avocación.

16. c) En los supuestos de delegación de competencias en órganos no dependientes jerárquicamente, el conocimiento de un asunto podrá ser avocado únicamente por el órgano delegante.

17. b) Podrá efectuarse cuando no se posean los medios técnicos idóneos para su desempeño.

18. d) Si no se designa suplente, la competencia del órgano administrativo se ejercerá por quien designe el órgano administrativo inmediato superior de quien dependa.

19. d) El acuerdo de creación y las normas de funcionamiento de todos los órganos colegiados deberán ser publicados en el Boletín o Diario Oficial de la Administración Pública en que se integran.

20. b) Leves, graves y muy graves.

TEST N.º 3

Ley 16/2010, de 17 de diciembre, de Organización y Funcionamiento de la Administración General y del Sector Público Autonómico de Galicia: Títulos Preliminar, I, II y capítulo I del Título III

1. La Administración general de la Comunidad Autónoma de Galicia:

a) Carece de personalidad jurídica.
b) Está dotada de varias personalidades jurídicas diferenciadas.
c) Está dotada toda ella de personalidad jurídica única.
d) Todas las respuestas son falsas.

2. ¿Cuál de las siguientes afirmaciones referidas a la Administración general de la Comunidad Autónoma de Galicia, es falsa?

a) Está constituida por órganos jerárquicamente ordenados.
b) Está dirigida por la Xunta de Galicia.
c) Desarrolla funciones ejecutivas de carácter administrativo.
d) Realiza las tareas en que se concreta el ejercicio de la acción de gobierno.

3. La creación, modificación y supresión de consejerías será aprobada:

a) Por ley.
b) Por decreto.
c) Por el Parlamento.
d) Todas las respuestas son falsas.

4. Aquellos órganos que ejercen sus competencias en el ámbito territorial de la Comunidad Autónoma se denominan:

a) Órganos superiores.
b) Órganos directivos.
c) Órganos centrales.
d) Órganos autonómicos.

5. No son órganos superiores de la Administración general de la Comunidad Autónoma de Galicia:

a) La Presidencia de la Xunta de Galicia.
b) Las consejerías, la vicepresidencia o vicepresidencias.
c) Las secretarías generales.
d) Las direcciones generales.

6. Son órganos de dirección de la Administración general de la Comunidad Autónoma de Galicia:

a) Las secretarías generales técnicas.
b) Las direcciones generales y equivalentes.
c) Las subdirecciones generales.
d) Todas las respuestas son correctas.

7. Las personas titulares de las secretarías generales responden de la ejecución de los objetivos fijados:

a) Ante la Xunta.
b) Ante el consejero.
c) Ante el Presidente.
d) Ante los órganos superiores.

8. Las personas titulares de las secretarías generales serán nombradas:

a) Por ley.
b) Por decreto del Consejo de la Xunta.
c) Por decreto del consejero competente.
d) Todas las respuestas son falsas.

9. Es una función de la secretaría general técnica:

a) Actuar como órgano de comunicación con las demás consejerías.
b) Representar a la consejería por orden de su titular.
c) Elaborar los proyectos de planes generales de actuación de la consejería.
d) Todas las respuestas son correctas.

10. No es correcta la siguiente afirmación relativa a las asesorías jurídicas de las consejerías:

a) Figurarán adscritas orgánicamente a las secretarías generales técnicas.
b) Dependerán funcionalmente de la Asesoría Jurídica General de la Xunta de Galicia.
c) Tienen nivel de subdirección general.
d) Se adscriben funcionalmente de la Intervención General de la Comunidad Autónoma.

11. Al frente de cada delegación territorial de la Xunta habrá un delegado territorial con rango de:

a) Secretario general.
b) Secretario general técnico.
c) Director general.
d) Interventor territorial.

12. Los delegados territoriales son competentes en su ámbito territorial para:

a) Representar a la Xunta.
b) Coordinar las relaciones sindicales en su ámbito territorial.
c) Gestionar los servicios compartidos, de conformidad con las competencias establecidas en la normativa patrimonial.
d) Todas son correctas.

13. La estructura de las delegaciones territoriales se determinará:

a) Por ley.
b) Por decreto de la Xunta de Galicia.
c) Por decreto de cada consejería.
d) Por analogía con las Delegaciones del Gobierno.

14. Indica cuál es el objeto de la Ley 16/2010, de 17 de diciembre, de organización y funcionamiento de la Administración general y del sector público autonómico de Galicia:

a) Regular la organización y el régimen jurídico de la Administración general de la Comunidad Autónoma de Galicia y de las entidades instrumentales integrantes del sector público autonómico, así como la regulación del ejercicio de la potestad reglamentaria y del procedimiento de elaboración de reglamentos.
b) Regular la organización y el régimen jurídico de la Administración general de la Comunidad Autónoma de Galicia, así como la regulación del ejercicio de la potestad reglamentaria y del procedimiento de elaboración de reglamentos.
c) Regular la organización y el régimen jurídico de la Administración general de la Comunidad Autónoma de Galicia y de las entidades instrumentales integrantes del sector público autonómico, así como la regulación del ejercicio de la potestad reglamentaria.
d) La regulación del ejercicio de la potestad reglamentaria y del procedimiento de elaboración de reglamentos.

15. La Ley 16/2010, de 17 de diciembre, de organización y funcionamiento de la Administración general y del sector público autonómico de Galicia tiene por finalidad:

a) Es conseguir una mayor racionalización de los procedimientos y de los servicios prestados a los ciudadanos por parte de la Administración general de la Comunidad Autónoma de Galicia y de las entidades instrumentales integrantes del sector público autonómico.

b) Es conseguir una mayor agilización administrativa y profundizar en la modernización de los procedimientos y de los servicios prestados a los ciudadanos por parte de la Administración general de la Comunidad Autónoma de Galicia y de las entidades instrumentales integrantes del sector público autonómico.

c) Es conseguir una mayor racionalización y agilización administrativa y profundizar en la modernización de los procedimientos y de los servicios prestados a los ciudadanos por parte de la Administración general de la Comunidad Autónoma de Galicia y de las entidades instrumentales integrantes del sector público autonómico.

d) Es conseguir una mayor racionalización y agilización administrativa y profundizar en la modernización de los procedimientos.

16. El sector público autonómico, además de por la propia Administración general de la Comunidad Autónoma de Galicia, está integrado por:

a) Entidades públicas instrumentales dependientes de la Administración general o de otras entidades públicas instrumentales de la Comunidad Autónoma de Galicia.

b) Otras entidades instrumentales respecto de las cuales la Administración general de la Comunidad Autónoma de Galicia ejerce jurídicamente, de forma directa o indirecta, una posición de dominio, entendiendo como tal, a estos efectos, aquella en la que se ejerce un control análogo al de los propios servicios de la Administración.

c) Solo es correcta la respuesta a).

d) Son correctas la respuesta a) y la b).

17. La Administración general de la Comunidad Autónoma de Galicia, bajo la dirección de la Xunta, y las entidades integrantes del sector público autonómico:

a) Sirven con objetividad a los intereses generales y actúan con sometimiento pleno a la Constitución, al Estatuto de Autonomía, a la ley y al resto del ordenamiento jurídico.

b) Sirven con objetividad a los intereses generales y actúan con sometimiento pleno a la Constitución.

c) Sirven con objetividad a los intereses generales y actúan con sometimiento pleno a la Constitución y al Estatuto de Autonomía.

d) Sirven con objetividad a los intereses generales y actúan con sometimiento pleno a la Constitución, al Estatuto de Autonomía y al resto del ordenamiento jurídico.

18. La organización y la actividad de la Administración general y de las entidades que integran el sector público autonómico responden al principio de:

a) División competencial.

b) División funcional.

c) División jerárquica.

d) Ninguna es cierta.

19. Indica qué principios observarán la organización de la Administración general y de las entidades que integran el sector público:

a) Jerarquía.

b) Descentralización, desconcentración, coordinación, eficacia y eficiencia.

c) Simplificación, claridad, buena fe, imparcialidad, confianza legítima y proximidad a los ciudadanos.

d) Todas son correctas.

20. La competencia de los órganos de la Administración general de la Comunidad Autónoma de Galicia es:

a) Irrenunciable.
b) Renunciable.
c) Neutra.
d) Exclusiva.

En MADTEST tienes **más preguntas de este tema**, y todos tus avances quedan registrados y se reflejan en el ranking.

¡Supera tus límites con MADTEST!

Solución al test n.º 3

1. c) Está dotada toda ella de personalidad jurídica única.

2. d) Realiza las tareas en que se concreta el ejercicio de la acción de gobierno.

3. b) Por decreto.

4. c) Órganos centrales.

5. d) Las direcciones generales.

6. d) Todas las respuestas son correctas.

7. b) Ante el consejero.

8. b) Por decreto del Consejo de la Xunta.

9. d) Todas las respuestas son correctas.

10. d) Se adscriben funcionalmente de la Intervención General de la Comunidad Autónoma.

11. c) Director general.

12. d) Todas son correctas.

13. b) Por decreto de la Xunta de Galicia.

14. a) Regular la organización y el régimen jurídico de la Administración general de la Comunidad Autónoma de Galicia y de las entidades instrumentales integrantes del sector público autonómico, así como la regulación del ejercicio de la potestad reglamentaria y del procedimiento de elaboración de reglamentos.

15. c) Es conseguir una mayor racionalización y agilización administrativa y profundizar en la modernización de los procedimientos y de los servicios prestados a los ciudadanos por parte de la Administración general de la Comunidad Autónoma de Galicia y de las entidades instrumentales integrantes del sector público autonómico.

16. d) Son correctas la respuesta a) y la b).

17. a) Sirven con objetividad a los intereses generales y actúan con sometimiento pleno a la Constitución, al Estatuto de Autonomía, a la ley y al resto del ordenamiento jurídico.

18. b) División funcional.

19. d) Todas son correctas.

20. a) Irrenunciable.

TEST N.º 4

Ley 9/2017, de 8 de noviembre, de Contratos del Sector Público, por la que se trasponen al ordenamiento jurídico español las directivas del Parlamento Europeo y del Consejo 2014/23/UE y 2014/24/UE, de 26 de febrero de 2014: Título Preliminar, Libro Primero: excepto el Capítulo V del Título I, Libro Segundo: Capítulo I del Título I (excepto subsección 5, 6 y 7 de la sección 2)

1. Los contratos que tienen por objeto la adquisición, el arrendamiento financiero, o el arrendamiento, con o sin opción de compra, de productos o bienes muebles, son:

a) Contratos de servicios.
b) Contratos de suministro.
c) Contratos de obras.
d) Contratos de gestión de servicios públicos.

2. Están sujetos a regulación armonizada los contratos de obras y los contratos de concesión de obras públicas cuyo valor estimado sea igual o superior a:

a) 5.404.000 euros.
b) 6.581.000 euros.
c) 8.615.000 euros.
d) 1.861.000 euros.

3. De los siguientes, son contratos privados los contratos celebrados por una Administración Pública que tengan por objeto:

a) La suscripción a revistas, publicaciones periódicas y bases de datos.
b) La concesión de servicios públicos.
c) Los contratos de colaboración entre el sector público y el sector privado.
d) La adquisición de suministros.

4. Conforme al artículo 3.4 de la Ley 9/2017, los partidos políticos, cuando cumplan los requisitos para ser poder adjudicador y respecto de los contratos sujetos a regulación armonizada, deberán actuar conforme a los principios de publicidad, concurrencia, transparencia, igualdad y:

a) No discriminación.
b) Eficacia.
c) Sometimiento a las leyes.
d) Legitimidad.

5. En un contrato de concesión de obras, cuando no esté garantizado que, en condiciones normales de funcionamiento, el concesionario vaya a recuperar las inversiones realizadas ni a cubrir los costes en que hubiera incurrido como consecuencia de la explotación de las obras que sean objeto de la concesión, se considerará que el mismo asume un riesgo:

a) Operacional.
b) Virtual.
c) General.
d) Provisional.

6. Los contratos que tengan por objeto la adquisición de energía primaria o energía transformada se consideran:

a) Contratos de concesión de servicios.
b) Contratos de suministros.
c) Contratos privados.
d) Contratos de servicios.

7. No podrán ser objeto de los contratos de servicios:

a) Los que impliquen ejercicio de la autoridad inherente a los poderes públicos.
b) Los que impliquen el desarrollo o mantenimiento de aplicaciones informáticas.
c) Los que tengan por objeto el desarrollo y la puesta a disposición de productos protegidos por un derecho de propiedad intelectual o industrial.
d) Los que tengan por objeto la prestación de actividades docentes en centros del sector público desarrolladas en forma de cursos de formación o perfeccionamiento del personal al servicio de la Administración.

8. Los contratos celebrados por entidades del sector público que no reúnan la condición de poder adjudicador, tienen la consideración de:

a) Contratos administrativos.
b) Contratos privados.
c) Contratos administrativos especiales.
d) Contratos mixtos.

9. Según el artículo 3.2 de la LCSP, tienen la consideración de Administración Pública:

a) Las autoridades administrativas independientes.
b) Las fundaciones públicas.
c) Las Mutuas colaboradoras con la Seguridad Social.
d) Las Entidades Públicas Empresariales.

10. Los consorcios y otras entidades de derecho público, se consideran Administraciones Públicas a efectos de la Ley 9/2017 de Contratos del Sector Público, si se dan las circunstancias establecidas para poder ser considerados poder adjudicador y estando vinculados a una o varias Administraciones Públicas o dependientes de las mismas, no se financien mayoritariamente:

a) Con subvenciones.
b) Con ingresos de mercado.
c) Con tasas e impuestos.
d) Con donaciones.

11. En los casos en que un elemento del contrato mixto sea una obra, deberá elaborarse un proyecto y tramitarse cómo para los contratos de obras, a partir de que la obra supere:

a) Los 20.000 euros.
b) Los 50.000 euros.
c) Los 100.000 euros.
d) Los 250.000 euros.

12. La duración de los contratos de arrendamiento de bienes muebles no podrá exceder, incluyendo las posibles prórrogas, de:

a) 3 años.
b) 4 años.
c) 5 años.
d) 7 años.

13. La duración, incluyendo las posibles prórrogas, de los contratos de concesión de obras, y de concesión de servicios que comprendan la ejecución de obras y la explotación de servicio, no podrá exceder de:

a) 10 años.
b) 20 años.
c) 25 años.
d) 40 años.

14. Se consideran contratos menores los contratos de suministro o de servicios de valor estimado inferior a:

a) 15.000 euros.
b) 20.000 euros.
c) 30.000 euros.
d) 40.000 euros.

15. Los contratos menores definidos en el artículo 118 de la Ley de Contratos del Sector Público no podrán tener una duración superior a:

a) Un año.
b) Tres años.
c) Cinco años.
d) Diez años.

16. ¿Cuáles de los siguientes contratos que celebren los poderes adjudicadores se perfeccionan de conformidad con la legislación por la que se rijan?

a) Los contratos basados en un acuerdo marco.
b) Los contratos menores.
c) Los contratos específicos en el marco de un sistema dinámico de adquisición.
d) Los contratos subvencionados sujetos a regulación armonizada.

17. ¿Cuál de los siguientes contratos que celebren los poderes adjudicadores se perfecciona con su formalización?

a) Contratos basados en un acuerdo marco.
b) Contratos específicos en el marco de un sistema dinámico de adquisición.
c) Contratos adjudicados mediante un procedimiento abierto.
d) Contratos menores.

18. ¿Cuál de las siguientes es una causa de anulabilidad del contrato?

a) El incumplimiento de las circunstancias y requisitos exigidos para la modificación de los contratos.
b) La falta de publicación del anuncio de licitación en el perfil de contratante alojado en la Plataforma de Contratación del Sector Público.
c) Haber llevado a efecto la formalización del contrato, en los casos en que se hubiese interpuesto el recurso especial en materia de contratación sin respetar la suspensión automática del acto recurrido en los casos en que fuera procedente.
d) La falta de capacidad de obrar o de solvencia económica, financiera, técnica o profesional.

19. ¿Por cuál de las siguientes razones, en virtud del artículo 39.2 de la Ley 9/2017, los contratos celebrados por poderes adjudicadores serán nulos de pleno derecho?

a) Los encargos que acuerden los poderes adjudicadores para la ejecución directa de prestaciones a través de medios propios, cuando no observen alguno de los requisitos establecidos relativos a la condición de medio propio.

b) El incumplimiento de las circunstancias y requisitos exigidos para la modificación de los contratos.

c) Todas aquellas disposiciones, resoluciones, cláusulas o actos emanados de cualquier poder adjudicador que otorguen, de forma directa o indirecta, ventajas a las empresas que hayan contratado previamente con cualquier Administración.

d) El incumplimiento de las normas establecidas para la adjudicación de los contratos basados en un acuerdo marco celebrado con varios empresarios o de los contratos específicos basados en un sistema dinámico de adquisición en el que estuviesen admitidos varios empresarios, siempre que dicho incumplimiento hubiera determinado la adjudicación del contrato de que se trate a otro licitador.

20. La clasificación de las empresas tendrá una vigencia de:

a) Dos años.
b) Tres años.
c) Cinco años.
d) Indefinida, en tanto se mantengan por el empresario las condiciones y circunstancias en que se basó su concesión.

En MADTEST tienes **más preguntas de este tema**, y todos tus avances quedan registrados y se reflejan en el ranking.

¡Supera tus límites con MADTEST!

Solución al test n.º 4

1. b) Contratos de suministro.

2. a) 5.404.000 euros.

3. a) La suscripción a revistas, publicaciones periódicas y bases de datos.

4. a) No discriminación.

5. a) Operacional.

6. b) Contratos de suministros.

7. a) Los que impliquen ejercicio de la autoridad inherente a los poderes públicos.

8. b) Contratos privados.

9. a) Las autoridades administrativas independientes.

10. b) Con ingresos de mercado.

11. b) Los 50.000 euros.

12. c) 5 años.

13. d) 40 años.

14. a) 15.000 euros.

15. a) Un año.

16. d) Los contratos subvencionados sujetos a regulación armonizada.

17. c) Contratos adjudicados mediante un procedimiento abierto.

18. a) El incumplimiento de las circunstancias y requisitos exigidos para la modificación de los contratos.

19. d) El incumplimiento de las normas establecidas para la adjudicación de los contratos basados en un acuerdo marco celebrado con varios empresarios o de los contratos específicos basados en un sistema dinámico de adquisición en el que estuviesen admitidos varios empresarios, siempre que dicho incumplimiento hubiera determinado la adjudicación del contrato de que se trate a otro licitador.

20. d) Indefinida, en tanto se mantengan por el empresario las condiciones y circunstancias en que se basó su concesión.

TEST N.º 5

Ley 9/2007, de 13 de junio, de Subvenciones de Galicia: Títulos Preliminar y I

1 Indica qué norma legal regula las subvenciones en la Comunidad Autónoma de Galicia:

a) Ley 9/2008, de 13 de junio, de subvenciones de Galicia.
b) Ley 9/2007, de 14 de junio, de subvenciones de Galicia.
c) Ley 9/2007, de 13 de junio, de subvenciones de Galicia.
d) Ley 10/2007, de 13 de junio, de subvenciones de Galicia.

2. ¿Qué se entiende por subvención?

a) Toda disposición dineraria realizada por la Administración de la Comunidad Autónoma, o por una entidad vinculada o dependiente de ella, a favor de personas públicas o privadas.
b) Toda disposición monetaria realizada por la Administración de la Comunidad Autónoma, o por una entidad vinculada o dependiente de ella, a favor de personas públicas o privadas.
c) Toda disposición dineraria realizada por la Administración de la Comunidad Autónoma, a favor de personas públicas o privadas.
d) Toda disposición dineraria realizada por una entidad institucional, a favor de personas públicas o privadas.

3. Las aportaciones dinerarias a favor de otras administraciones y a favor de organismos y entidades dependientes de la Administración de la Comunidad Autónoma sometidos al ordenamiento autonómico destinadas a financiar global o parcialmente su actividad con carácter indiferenciado, ¿tienen carácter de subvención?

a) Sí.
b) No.

c) Depende, si lo fija la ley de presupuestos.
d) Depende, si lo fija una ley financiera.

4. Indica en qué título de la Ley 9/2007, de 13 de junio, de subvenciones de Galicia se regula su ámbito de aplicación:

a) Título preliminar.
b) Título I.
c) Título II.
d) Título III.

5. Los premios que se otorguen sin previa solicitud del beneficiario están en el ámbito de aplicación de la Ley 9/2007, de 13 de junio, de subvenciones de Galicia:

a) Sí.
b) No.
c) Sí, pero hay que solicitarlo a la Agencia Tributaria de Galicia.
d) Depende, sólo si lo regula la ley de presupuestos.

6. Indica en qué título de la Ley 9/2007, de 13 de junio, de subvenciones de Galicia se regulan los procedimientos de concesión y gestión de las subvenciones:

a) Título preliminar.
b) Título I.
c) Título II.
d) Título III.

7. Indica en base a qué principios se gestionan las subvenciones:

a) Publicidad, transparencia, concurrencia, objetividad, igualdad y no discriminación.
b) Eficacia en el cumplimiento de los objetivos fijados por la administración otorgante.
c) Eficiencia en la asignación y utilización de los recursos públicos.
d) Todos son correctos.

8. La existencia de crédito adecuado y suficiente para atender a las obligaciones de contenido económico que se derivan de la concesión de la subvención, ¿es un requisito del otorgamiento de subvenciones?

a) Sí.
b) No.
c) No influye.
d) No, es la aprobación del gasto.

9. ¿Quién autoriza la concesión de subvenciones que superen la cuantía de 3.000.000 de euros por beneficiario?

a) Consejero titular del departamento.
b) Consejero de hacienda.
c) Consejo de la Junta.
d) Director de presupuestos.

10. Las facultades de los órganos competentes para la concesión de subvenciones podrán ser:

a) Desconcentradas.
b) Delegadas.
c) Son correctas a) y b).
d) Sólo es correcta b).

11. Indica quién tiene la consideración de beneficiario de una subvención:

a) La persona que haya de realizar la actividad que fundamentó su otorgamiento o que se encuentre en la situación que legitima su concesión.
b) La persona que haya de realizar la finalidad que fundamentó su otorgamiento o que se encuentre en la situación que legitima su concesión.
c) La persona que haya de realizar la actividad que fundamentó su concesión o que se encuentre en la situación que legitima su concesión.
d) La persona que haya de realizar la actividad que fundamentó su otorgamiento o que se encuentre en la situación que ilegitima su concesión.

12. Indica qué se entiende por entidad colaboradora en materia de subvenciones:

a) Aquélla que, actuando en nombre y por cuenta del órgano concedente a todos los efectos relacionados con la subvención, entregue y distribuya los fondos privados a los beneficiarios cuando así se establezca en las bases reguladoras, o colabore en la gestión de la subvención sin que se produzca la previa entrega y distribución de los fondos recibidos.
b) Aquélla que, actuando en nombre y por cuenta del órgano concedente a todos los efectos relacionados con la subvención, entregue y distribuya los fondos públicos a los beneficiarios cuando así se establezca en las bases reguladoras, o colabore en la gestión de la subvención sin que se produzca la previa entrega y distribución de los fondos recibidos.
c) Aquélla que, actuando en nombre y por cuenta del órgano concedente a todos los efectos relacionados con la subvención, entregue y distribuya los fondos públicos a los privilegiados cuando así se establezca en las bases reguladoras, o colabore en la gestión de la subvención sin que se produzca la previa entrega y distribución de los fondos recibidos.

d) Aquélla que, actuando en nombre y por cuenta del órgano concedente a todos los efectos relacionados con la subvención, entregue y distribuya los fondos públicos a los beneficiarios cuando así se establezca en las bases normativas, o colabore en la gestión de la subvención sin que se produzca la previa entrega y distribución de los fondos recibidos.

13. Indica si una entidad que tiene su residencia fiscal en un país o territorio calificado reglamentariamente como paraíso fiscal puede ser entidad colaboradora en materia de subvenciones:

a) Sí.
b) No.
c) Sí, con informe del Ministerio de Asuntos Exteriores.
d) Sí, con informe del Ministerio de Hacienda.

14. Indica cuáles de estas son obligaciones de los beneficiarios de las subvenciones:

a) Cumplir el objetivo, ejecutar el proyecto, realizar la actividad o adoptar el comportamiento que fundamenta la concesión de las subvenciones.
b) Conservar los documentos justificativos de la aplicación de los fondos recibidos, incluidos los documentos electrónicos, en tanto puedan ser objeto de las actuaciones de comprobación y control.
c) Justificar ante el órgano concedente o la entidad colaboradora, en su caso, el cumplimiento de los requisitos y condiciones, así como la realización de la actividad y el cumplimiento de la finalidad que determinen la concesión o disfrute de la subvención.
d) Todas son ciertas.

15. Cuando las subvenciones públicas tengan asignación nominativa en los presupuestos, ¿es necesario publicar la concesión?

a) No.
b) Sí.
c) Siempre por imperativo de la transparencia.
d) No, solo en la web.

16. Indica cuáles de estos son requisitos de las bases reguladoras de la concesión de subvenciones:

a) Criterios objetivos de adjudicación de la subvención y, en su caso, ponderación de los mismos.
b) Cuantía individualizada de la subvención o criterios para su determinación.
c) Procedimiento de concesión de la subvención.
d) Todas son ciertas.

17. Indica cuál es el procedimiento ordinario de concesión de subvenciones:

a) En régimen de concurrencia competitiva.
b) En régimen de concurrencia no competitiva.
c) Concesión directa.
d) Concesión nominativa.

18. Señala qué se entiende por concurrencia competitiva:

a) El procedimiento mediante el cual la concesión de las subvenciones se realiza a través de la comparación de las solicitudes presentadas, a fin de establecer una prelación entre las mismas de acuerdo con los criterios de valoración previamente fijados en las bases reguladoras y en la convocatoria y adjudicar, con el límite fijado en la convocatoria dentro del crédito disponible, aquéllas que obtuvieran menor valoración en aplicación de los citados criterios.

b) El procedimiento mediante el cual la concesión de las subvenciones se realiza a través de la comparación de las solicitudes presentadas, a fin de establecer una jerarquía entre las mismas de acuerdo con los criterios de valoración previamente fijados en las bases reguladoras y en la convocatoria y adjudicar, con el límite fijado en la convocatoria dentro del crédito disponible, aquéllas que obtuvieran mayor valoración en aplicación de los citados criterios.

c) El procedimiento mediante el cual la concesión de las subvenciones se realiza a través de la comparación de las solicitudes presentadas, a fin de establecer una prelación entre las mismas de acuerdo con los criterios de valoración previamente fijados en las bases reguladoras y en la convocatoria y adjudicar, con el límite fijado en la convocatoria dentro del crédito disponible, aquéllas que obtuvieran mayor valoración en aplicación de los citados criterios.

d) El procedimiento mediante el cual la concesión de las subvenciones se realiza a través de la comparación de las instancias presentadas, a fin de establecer una prelación entre las mismas de acuerdo con los criterios de valoración previamente fijados en las bases reguladoras y en la convocatoria y adjudicar, con el límite fijado en la convocatoria dentro del crédito disponible, aquéllas que obtuvieran mayor valoración en aplicación de los citados criterios.

19. Indica qué subvenciones se pueden conceder de forma directa:

a) Las previstas nominativamente en los presupuestos generales de la Comunidad Autónoma en los términos recogidos en los convenios y en la normativa reguladora de estas subvenciones.

b) Aquéllas cuyo otorgamiento o cuantía vengan impuestos a la administración por una norma de rango legal, que seguirán el procedimiento de concesión que les resulte de aplicación de acuerdo con su propia normativa.

c) Con carácter excepcional, aquellas otras subvenciones en que se acrediten razones de interés público, social, económico o humanitario, u otras debidamente justificadas que dificulten su convocatoria pública.

d) Todas son correctas.

20. Indica cuáles son actividades de instrucción en el procedimiento para la concesión de subvenciones en régimen de concurrencia competitiva:

a) Petición de cuantos informes estime necesarios para resolver o que sean exigidos por las normas que regulan la subvención.

b) Evaluación de las solicitudes o peticiones, efectuada conforme con los criterios, formas y prioridades de valoración establecidos en la norma reguladora de la subvención o, en su caso, en la convocatoria.

c) Son correctas a) y b).

d) Sólo es correcta b).

En MADTEST tienes **más preguntas de este tema**, y todos tus avances quedan registrados y se reflejan en el ranking.

¡Supera tus límites con MADTEST!

Solución al test n.º 5

1. c) Ley 9/2007, de 13 de junio, de subvenciones de Galicia.

2. a) Toda disposición dineraria realizada por la Administración de la Comunidad Autónoma, o por una entidad vinculada o dependiente de ella, a favor de personas públicas o privadas.

3. b) No

4. a) Título preliminar.

5. b) No.

6. b) Título I.

7. d) Todos son correctos.

8. a) Sí.

9. c) Consejo de la Junta.

10. c) Son correctas a) y b).

11. a) La persona que haya de realizar la actividad que fundamentó su otorgamiento o que se encuentre en la situación que legitima su concesión.

12. b) Aquélla que, actuando en nombre y por cuenta del órgano concedente a todos los efectos relacionados con la subvención, entregue y distribuya los fondos públicos a los beneficiarios cuando así se establezca en las bases reguladoras, o colabore en la gestión de la subvención sin que se produzca la previa entrega y distribución de los fondos recibidos.

13. b) No.

14. d) Todas son ciertas.

15. a) No.

16. d) Todas son ciertas.

17. a) En régimen de concurrencia competitiva.

18. c) El procedimiento mediante el cual la concesión de las subvenciones se realiza a través de la comparación de las solicitudes presentadas, a fin de establecer una prelación entre las mismas de acuerdo con los criterios de valoración previamente fijados en las bases reguladoras y en la convocatoria y adjudicar, con el límite fijado en la convocatoria dentro del crédito disponible, aquéllas que obtuvieran mayor valoración en aplicación de los citados criterios.

19. d) Todas son correctas.

20. c) Son correctas a) y b).

Ley 2/2015, de 29 de abril, de Empleo Público de Galicia: Títulos I al IX

1. La Ley de empleo público de Galicia es:

a) La Ley 2/2015, de 29 de abril.
b) La Ley 5/2009, de 25 de junio.
c) La Ley 9/2015, de 29 de junio.
d) La Ley 1/2009, de 25 de abril.

2. ¿En qué título de la Ley de empleo público de Galicia se regulan las clases de personal al servicio de la Xunta de Galicia?

a) Título II.
b) Título III.
c) Título IV.
d) Título V.

3. Según la Ley de empleo público de Galicia, existen cuatro tipos de empleados públicos. Señala cuál de las siguientes opciones no es correcta:

a) Personal funcionario interino.
b) Personal laboral.
c) Personal fijo discontinuo.
d) Personal eventual.

4. En función del régimen de duración del contrato, la Ley de empleo público de Galicia distingue tres tipos de personal laboral. Señala cuál de los siguientes no es correcto:

a) Fijo.
b) Eventual.
c) Indefinido.
d) Temporal.

5. En relación con el nombramiento de personal interino para la ejecución de programas de carácter temporal y de duración determinada que no respondan a necesidades permanentes de la Administración, el plazo máximo de duración de la interinidad se hará constar expresamente en el nombramiento y no podrá ser superior a:

a) 3 años, ampliables hasta 12 meses más, de justificarlo la duración del correspondiente programa.

b) 5 años, no ampliables.

c) 5 años, ampliables hasta 18 meses más si lo justificara la duración del correspondiente programa.

d) 3 años, ampliables hasta 6 meses más si lo justificara la duración del correspondiente programa.

6. En relación con el personal eventual, la Ley de empleo público de Galicia señala que:

a) La prestación de servicios como personal eventual constituirá mérito para el acceso al empleo público y para la promoción dentro de este.

b) Cuando el personal funcionario de carrera acceda a puestos de trabajo de carácter técnico, pasará a la situación de servicios especiales.

c) El personal eventual realizará actividades ordinarias de gestión o de carácter técnico o cualquiera de las funciones que pudieran corresponder al personal funcionario de carrera.

d) El nombramiento del personal eventual es libre.

7. En relación con el personal eventual, la Ley de empleo público de Galicia señala que:

a) La determinación de las condiciones de empleo del personal eventual tiene la consideración de materia objeto de negociación colectiva.

b) En el ámbito de la Administración general de la Comunidad Autónoma de Galicia el personal eventual solo puede ser nombrado por las personas integrantes del Consello de la Xunta para realizar cometidos de asesoramiento especial o apoyo a las mismas en desarrollo de su labor política, en cumplimiento de sus cometidos de carácter parlamentario y en sus relaciones con las instituciones públicas, los medios de comunicación y las organizaciones administrativas, así como actividades protocolarias.

c) El número máximo de puestos del personal eventual, así como sus características y retribuciones, serán establecidos anualmente por el Parlamento de Galicia dentro de los correspondientes créditos presupuestarios consignados al efecto.

d) Las entidades públicas instrumentales del sector público autonómico pueden nombrar personal eventual, cuando así lo autoricen sus respectivas leyes de creación.

8. La adquisición de la condición de personal directivo se llevará a cabo mediante procedimientos que garanticen la publicidad y concurrencia entre el personal funcionario de carrera y el personal laboral fijo al servicio de las administraciones públicas, y se basará en los principios de:

a) Antigüedad y representatividad.

b) Mérito y capacidad.

c) Idoneidad y objetividad.
d) Eficacia y eficiencia.

9. En relación con la participación en los procesos selectivos, la Ley de empleo público de Galicia señala que:

a) Las convocatorias de los procesos selectivos pueden establecer con carácter abstracto y general requisitos específicos de acceso que guarden relación objetiva y proporcionada con las funciones y tareas a desempeñar.
b) Las personas que ya pertenecen al respectivo cuerpo, escala o categoría profesional pueden participar libremente en los procesos selectivos.
c) Para la participación en los procesos selectivos se requiere ser mayor de edad y no haber alcanzado la edad de jubilación.
d) Las bases de la convocatoria deberán indicar la lengua oficial (o lenguas) en la que se realizarán las correspondientes pruebas selectivas.

10. La toma de posesión del personal funcionario de carrera, se realizará, según la Ley de Empleo Público de Galicia, en un plazo a partir de la publicación del nombramiento, de:

a) 15 días.
b) 20 días.
c) 1 mes.
d) 2 meses.

11. En relación con la renuncia a la condición de funcionario, la Ley de empleo público de Galicia señala que:

a) La renuncia voluntaria a la condición de personal funcionario habrá de ser manifestada personalmente ante el responsable de recursos humanos de su departamento.
b) La renuncia a la condición de personal funcionario inhabilita para ingresar de nuevo en la Administración pública.
c) La renuncia del funcionario al que haya sido dictado en su contra auto de procesamiento o de apertura de juicio oral por la comisión de algún delito, se aceptará en todo caso.
d) No puede ser aceptada la renuncia cuando el personal funcionario esté sujeto a expediente disciplinario.

12. El personal funcionario puede solicitar la prolongación de la permanencia en la situación de servicio activo con una antelación a la fecha en la que cumpla la edad de jubilación forzosa:

a) Mínima de 6 meses.
b) Mínima de 3 meses y máxima de 4 meses.
c) Mínima de 3 meses y máxima de 6 meses.
d) Mínima de 4 meses.

13. La potestad disciplinaria se ejercerá de acuerdo, entre otros, con el principio de:

a) Irretroactividad de las disposiciones sancionadoras favorables al presunto infractor.
b) Proporcionalidad aplicable a las sanciones pero no a la clasificación de las faltas.
c) Presunción de culpabilidad en el caso del personal directivo.
d) Legalidad y tipicidad de las faltas y sanciones, a través de la predeterminación normativa y, en el caso del personal laboral, de los convenios colectivos.

14. Se considera falta muy grave de los empleados públicos, según la Ley de empleo público de Galicia:

a) El incumplimiento del deber de respeto a la Constitución y al Estatuto de Autonomía de Galicia en el ejercicio de la función pública.
b) El abuso de autoridad en el desempeño de sus funciones.
c) La tolerancia por los superiores jerárquicos de la comisión de faltas muy graves del personal bajo su dependencia.
d) Las acciones u omisiones dirigidas a evadir los sistemas de control de horarios o a impedir que sean detectados los incumplimientos injustificados de la jornada de trabajo.

15. Se considera falta grave de los empleados públicos, según la Ley de empleo público de Galicia:

a) El descuido o negligencia en el ejercicio de sus funciones.
b) La aceptación de cualquier regalo, favor o servicio en condiciones ventajosas que vaya más allá de los usos habituales, sociales y de cortesía.
c) La incorrección con otros empleados públicos o con los ciudadanos con los que se relacione en el ejercicio de sus funciones.
d) El encubrimiento de faltas consumadas graves y la cooperación en su ejecución con actos anteriores o simultáneos, cuando de estas faltas se derive daño grave para la Administración pública en la que preste servicios o para los ciudadanos.

16. ¿Cuál de las siguientes sanciones puede imponerse por la comisión de una falta grave?

a) Pérdida de un grado en el sistema de carrera horizontal y privación del derecho a ser evaluado para el ascenso de grado por un período de entre 6 meses y 2 años.
b) Exclusión de la totalidad de las listas de espera o bolsas de empleo que se encuentren vigentes en el momento de imponerse la sanción por un período máximo de un año.
c) Prohibición de ocupar los puestos que reglamentariamente se determinen por un período de entre 2 años y un día y 4 años.
d) Traslado forzoso con cambio de localidad por un período de entre un año y un día y 3 años, que impedirá obtener destino, por ningún procedimiento, en la localidad desde la cual se produjo el traslado.

17. En relación con el procedimiento disciplinario, la Ley de empleo público de Galicia señala que:

a) La duración máxima del procedimiento disciplinario será de 6 meses.

b) Vencido el plazo máximo del procedimiento disciplinario sin que se notificase la resolución que pusiera fin al procedimiento, se declarará de oficio la caducidad del mismo y se ordenará el archivo de las actuaciones.

c) Los procedimientos caducados suponen la prescripción de las faltas disciplinarias.

d) La caducidad del procedimiento impide en todo caso la incoación de un nuevo procedimiento por los mismos hechos.

18. En relación con el procedimiento disciplinario, la Ley de empleo público de Galicia señala que:

a) Durante la sustanciación del procedimiento disciplinario, el órgano competente para resolver puede adoptar, sin necesidad de motivación, las medidas provisionales que estime oportunas para asegurar la eficacia de la resolución que pudiera recaer, garantizar el normal funcionamiento de los servicios públicos y la necesaria protección de los intereses generales, y corregir, en su caso, los efectos de la infracción cometida.

b) Durante la sustanciación de un procedimiento disciplinario no se puede perder la condición de empleado público.

c) Para la imposición de faltas leves se establecerá un procedimiento sumario que garantizará en todo caso la audiencia de la persona interesada.

d) La suspensión de funciones como medida provisional en la tramitación de un expediente disciplinario no puede exceder de 12 meses.

19. Las faltas disciplinarias muy graves prescriben:

a) Al año.

b) A los 3 años.

c) A los 5 años.

d) No prescriben mientras no se extinga la condición de personal funcionario de carrera.

20. Cuando un funcionario sea activado para prestar servicios en la condición de reservista voluntario en las fuerzas armadas, pasará a la situación de:

a) Excedencia forzosa.

b) Suspensión de funciones.

c) Servicios especiales.

d) Servicio en otras Administraciones Públicas.

En MADTEST tienes **más preguntas de este tema**, y todos tus avances quedan registrados y se reflejan en el ranking.

¡Supera tus límites con MADTEST!

Solución al test n.º 6

1. a) La Ley 2/2015, de 29 de abril.

2. b) Título III.

3. c) Personal fijo discontinuo.

4. b) Eventual.

5. a) 3 años, ampliables hasta 12 meses más, de justificarlo la duración del correspondiente programa.

6. d) El nombramiento del personal eventual es libre.

7. b) En el ámbito de la Administración general de la Comunidad Autónoma de Galicia el personal eventual solo puede ser nombrado por las personas integrantes del Consello de la Xunta para realizar cometidos de asesoramiento especial o apoyo a las mismas en desarrollo de su labor política, en cumplimiento de sus cometidos de carácter parlamentario y en sus relaciones con las instituciones públicas, los medios de comunicación y las organizaciones administrativas, así como actividades protocolarias.

8. b) Mérito y capacidad.

9. a) Las convocatorias de los procesos selectivos pueden establecer con carácter abstracto y general requisitos específicos de acceso que guarden relación objetiva y proporcionada con las funciones y tareas a desempeñar.

10. c) 1 mes.

11. d) No puede ser aceptada la renuncia cuando el personal funcionario esté sujeto a expediente disciplinario.

12. b) Mínima de 3 meses y máxima de 4 meses.

13. d) Legalidad y tipicidad de las faltas y sanciones, a través de la predeterminación normativa y, en el caso del personal laboral, de los convenios colectivos.

14. a) El incumplimiento del deber de respeto a la Constitución y al Estatuto de Autonomía de Galicia en el ejercicio de la función pública.

15. b) La aceptación de cualquier regalo, favor o servicio en condiciones ventajosas que vaya más allá de los usos habituales, sociales y de cortesía.

16. a) Pérdida de un grado en el sistema de carrera horizontal y privación del derecho a ser evaluado para el ascenso de grado por un período de entre 6 meses y 2 años.

17. b) Vencido el plazo máximo del procedimiento disciplinario sin que se notificase la resolución que pusiera fin al procedimiento, se declarará de oficio la caducidad del mismo y se ordenará el archivo de las actuaciones.

18. c) Para la imposición de faltas leves se establecerá un procedimiento sumario que garantizará en todo caso la audiencia de la persona interesada.

19. b) A los 3 años.

20. c) Servicios especiales.

Decreto legislativo 1/1999, de 7 de octubre, por el que se aprueba el Texto Refundido de la Ley de Régimen Financiero y Presupuestario de Galicia: Título Preliminar y Capítulos I y III del Título III

1. Indica cómo está constituida la Hacienda pública de Galicia:

a) Por el conjunto de derechos y obligaciones de contenido económico y financiero cuya titularidad le corresponde a la Comunidad Autónoma de Galicia.

b) Por el conjunto de derechos de contenido económico y financiero cuya titularidad le corresponde a la Comunidad Autónoma de Galicia.

c) Por el conjunto de derechos y obligaciones de contenido económico cuya titularidad le corresponde a la Comunidad Autónoma de Galicia.

d) Por el conjunto de derechos y obligaciones cuya titularidad le corresponde a la Comunidad Autónoma de Galicia.

2. Indica qué materias son propias de la Hacienda pública de Galicia:

a) El régimen de su patrimonio.

b) La contratación en régimen de derecho administrativo.

c) La regulación de sus ingresos de derecho público y privado.

d) Todas son ciertas.

3. La actividad económica financiera de la Comunidad Autónoma de Galicia estará sometida:

a) Al régimen de presupuesto anual y a los principios de control interno, de contabilidad y de unidad de caja.

b) Al régimen de presupuesto anual y a los principios de control interno.

c) Al régimen de presupuesto anual.

d) Al régimen de presupuesto anual y de unidad de caja.

4. El régimen y la concesión de avales y otras garantías por la Comunidad Autónoma se regulará por:

a) Decreto.

b) Reglamento.

c) Ley.
d) Orden.

5. En las secciones 50.01 y 23 del presupuesto de la Xunta de Galicia se dotará un fondo para atender a las necesidades que pudieran surgir en el ejercicio corriente y fueran inaplazables, de carácter no discrecional y que no tuvieran en todo o en parte la adecuada dotación presupuestaria. Este fondo se dotará por importe conjunto del siguiente porcentaje del total de los recursos propios para operaciones no financieras:

a) 2 %.
b) 3 %.
c) 5 %.
d) 6 %.

6. ¿Quién confeccionará los estados de ingresos que tendrán vigencia durante el período de prórroga de los presupuestos?

a) El Consejo de Gobierno.
b) La Consejería de Hacienda.
c) Cada consejería u organismo autónomo.
d) El Parlamento gallego.

7. En los créditos para operaciones de capital se distinguirán:

a) Los gastos corrientes en bienes y servicios.
b) Los gastos financieros.
c) Las transferencias corrientes.
d) Las inversiones reales.

8. En la clasificación económica de los estados de gastos de los presupuestos se recogerá la dotación de un crédito para atender necesidades inaplazables y no discrecionales; ¿cuál es?

a) Las operaciones financieras.
b) Los créditos para operaciones de capital.
c) Los créditos para operaciones corrientes.
d) El fondo de contingencia de ejecución presupuestaria.

9. Señala la respuesta correcta. En relación con la estructura de los presupuestos de gastos e ingresos:

a) Los capítulos se desglosarán en artículos y estos, a su vez, en conceptos.
b) Los capítulos se desglosarán en conceptos y estos, a su vez, en artículos.
c) Los conceptos se desglosarán en capítulos y estos, a su vez, en artículos.
d) Los artículos se desglosarán en capítulos y estos, a su vez, en conceptos.

10. Dentro de la clasificación económica de los ingresos en los presupuestos, se distinguirán dentro de los ingresos corrientes:

a) Transferencias de capital.
b) Ingresos patrimoniales.
c) Activos financieros.
d) Enajenación de inversiones reales.

11. Dentro de la clasificación económica de los ingresos en los presupuestos, se distinguirán dentro de los ingresos de capital:

a) Cotizaciones sociales.
b) Ingresos patrimoniales.
c) Activos financieros.
d) Enajenación de inversiones reales.

12. En la estructura económica de los ingresos en los presupuestos, el capítulo I recogerá:

a) Los ingresos patrimoniales.
b) Tasas, precios y otros ingresos.
c) Impuestos directos.
d) Impuestos indirectos.

13. En los presupuestos, el Capítulo IX de la estructura económica de los ingresos se refiere a:

a) Impuestos indirectos.
b) Enajenación de inversiones reales.
c) Pasivos financieros.
d) No existe el Capítulo IX.

14. ¿Qué capítulo de la estructura económica del presupuesto de gastos se refiere a los gastos en bienes corrientes y servicios?

a) Capítulo I.
b) Capítulo II.
c) Capítulo III.
d) Capítulo V.

15. ¿Qué capítulo de la estructura económica del presupuesto de gastos se refiere al fondo de contingencia?

a) Capítulo IV.
b) Capítulo IX.
c) Capítulo VIII.
d) Capítulo V.

16. En relación con el procedimiento para la elaboración de los presupuestos generales de la Comunidad Autónoma de Galicia, los órganos estatutarios de la Comunidad Autónoma y las consejerías remitirán a la de Hacienda sus respectivos estados de gastos antes del:

a) 1 de junio.
b) 1 de julio.
c) 31 de julio.
d) 30 de septiembre.

17. Junto con el anteproyecto de ley de presupuestos generales de la Comunidad Autónoma se remitirá al Consello de la Xunta un anexo de inversiones reales, que contendrá la valoración de los proyectos de inversión pública que se van a realizar y su distribución territorial. Dentro de dicho anexo de inversiones reales se distinguirán los proyectos de inversión en:

a) Anuales y plurianuales.
b) Con participación externa y sin participación.
c) Vinculantes y no vinculantes.
d) Provinciales y extraterritoriales.

18. Indica en qué fecha se remite al Parlamento de Galicia el proyecto de ley de presupuestos generales de la Comunidad Autónoma:

a) Antes del 20 de octubre.
b) El 20 de octubre.
c) Después del 20 de octubre.
d) Ninguna es cierta.

19. Indica quién autoriza el gasto:

a) Órganos estatutarios.
b) Consejeros.
c) Son correctas las respuestas a) y b).
d) Es correcta la respuesta b).

20. Tendrán la consideración de operaciones extrapresupuestarias:

a) Aquellas generadas en los procedimientos de devolución de los patrimonios diferidos a favor de la Comunidad Autónoma de Galicia como consecuencia de procesos de sucesión legal intestada.
b) Aquellas generadas en los procedimientos de liquidación de los patrimonios diferidos a favor de la Comunidad Autónoma de Galicia como consecuencia de procesos de sucesión legal intestada.

c) Aquellas generadas en los procedimientos de liquidación de los patrimonios diferidos a favor de la Comunidad Autónoma de Galicia como consecuencia de procesos de sucesión legal testada.

d) Aquellas generadas en los procedimientos de gestión de los patrimonios diferidos a favor de la Comunidad Autónoma de Galicia como consecuencia de procesos de sucesión legal intestada.

En MADTEST tienes **más preguntas de este tema**, y todos tus avances quedan registrados y se reflejan en el ranking.

¡Supera tus límites con MADTEST!

Solución al test n.º 7

1. a) Por el conjunto de derechos y obligaciones de contenido económico y financiero cuya titularidad le corresponde a la Comunidad Autónoma de Galicia.

2. d) Todas son ciertas.

3. a) Al régimen de presupuesto anual y a los principios de control interno, de contabilidad y de unidad de caja.

4. c) Ley.

5. a) 2 %.

6. b) La Consejería de Hacienda.

7. d) Las inversiones reales.

8. d) El Fondo de Contingencia de ejecución presupuestaria.

9. a) Los capítulos se desglosarán en artículos y estos, a su vez, en conceptos.

10. b) Ingresos patrimoniales.

11. d) Enajenación de inversiones reales.

12. c) Impuestos directos.

13. c) Pasivos financieros.

14. b) Capítulo II.

15. d) Capítulo V.

16. b) 1 de julio.

17. c) Vinculantes y no vinculantes.

18. a) Antes del 20 de octubre.

19. c) Son correctas las respuestas a) y b).

20. b) Aquellas generadas en los procedimientos de liquidación de los patrimonios diferidos a favor de la Comunidad Autónoma de Galicia como consecuencia de procesos de sucesión legal intestada.

Real Decreto Legislativo 1/2013, de 29 de noviembre, por el que se aprueba el Texto Refundido de la Ley General de Derechos de las Personas con Discapacidad y de su Inclusión Social: Título Preliminar, Título I (sección 1ª del Capítulo V y Capítulo VIII) y Título II

1. Cuando una persona o grupo en que se integra es objeto de un trato discriminatorio debido a su relación con otra por motivo o por razón de discapacidad, se produce:

a) Discriminación directa.
b) Discriminación indirecta.
c) Discriminación relativa.
d) Discriminación por asociación.

2. El principio en virtud del cual la sociedad promueve valores compartidos orientados al bien común y a la cohesión social, permitiendo que todas las personas con discapacidad tengan las oportunidades y recursos necesarios para participar plenamente en la vida política, económica, social, educativa, laboral y cultural, y para disfrutar de unas condiciones de vida en igualdad con los demás, se denomina:

a) Accesibilidad universal.
b) Inclusión social.
c) Normalización.
d) Acción positiva.

3. Se encarga de la recopilación, sistematización, actualización, generación de información y difusión relacionada con el ámbito de la discapacidad:

a) El Observatorio Estatal de la Discapacidad.
b) La Dirección General de Servicios Sociales
c) El Consejo Nacional de la Discapacidad.
d) El Consejo Interterritorial del Sistema Nacional de Salud.

4. El término "discapacidad" según la definición de la OMS engloba varios aspectos. Señalar de los siguientes cuál no es correcto:

a) Deficiencias.
b) Restricciones de la participación.
c) Dificultades sociales.
d) Limitaciones de la actividad.

5. Las restricciones de la participación son:

a) Problemas para participar en situaciones vitales.
b) Dificultades para ejecutar acciones o tareas.
c) Problemas que afectan a una estructura o función corporal.
d) Anomalías psicológicas de las personas.

6. A través de qué norma se aprueba el texto refundido de la Ley general de derechos de las personas con discapacidad y de su inclusión social:

a) Real decreto legislativo 2/2009, de 13 de noviembre.
b) Real decreto legislativo 1/2013, de 29 de noviembre.
c) Real decreto legislativo 1/2009, de 29 de noviembre.
d) Real decreto legislativo 2/2013, de 13 de noviembre.

7. La situación en que se encuentra una persona con discapacidad cuando es tratada de manera menos favorable que otra en situación análoga por motivo de o por razón de su discapacidad, se denomina:

a) Discriminación directa.
b) Discriminación indirecta.
c) Discriminación relativa.
d) Discriminación por asociación.

8. La adopción de medidas de acción positiva a favor de las personas con discapacidad, se entiende, según la Ley general de derechos de las personas con discapacidad y de su inclusión social, que es:

a) Discriminación indirecta.
b) Discriminación legal.
c) Normalización.
d) Igualdad de oportunidades.

9. El principio en virtud del cual las personas con discapacidad deben poder llevar una vida en igualdad de condiciones, accediendo a los mismos lugares, ámbitos, bienes y servicios que están a disposición de cualquier otra persona, se llama principio de:

a) Igualación.
b) Normalización.

c) Accesibilidad.
d) Equiparación.

10. La situación en la que la persona con discapacidad ejerce el poder de decisión sobre su propia existencia y participa activamente en la vida de su comunidad, conforme al derecho al libre desarrollo de la personalidad, se conoce como:

a) Normalización.
b) Inclusión social.
c) Vida independiente.
d) Integración.

11. El principio en virtud del cual las organizaciones representativas de personas con discapacidad y de sus familias participan, en los términos que establecen las leyes y demás disposiciones normativas, en la elaboración, ejecución, seguimiento y evaluación de las políticas oficiales que se desarrollan en la esfera de las personas con discapacidad, se llama principio de:

a) Transversalidad.
b) Participación activa.
c) Normalización.
d) Diálogo civil.

12. El principio en virtud del cual las actuaciones que desarrollan las Administraciones Públicas no se limitan únicamente a planes, programas y acciones específicos, pensados exclusivamente para estas personas, sino que comprenden las políticas y líneas de acción de carácter general en cualquiera de los ámbitos de actuación pública, en donde se tendrán en cuenta las necesidades y demandas de las personas con discapacidad, es el principio de:

a) Participación.
b) Integralidad.
c) Transversalidad.
d) Aplicación.

13. Tendrán la consideración de personas con discapacidad todas aquellas a quienes se les haya reconocido un grado de discapacidad igual o superior al:

a) 25 %.
b) 33 %.
c) 40 %.
d) 45 %.

14. No está recogido expresamente como uno de los principios de la Ley general de derechos de las personas con discapacidad y de su inclusión social:

a) La igualdad entre mujeres y hombres.
b) La vida independiente.

c) Diseño universal o diseño para todas las personas.
d) La igualdad de trato.

15. Toda conducta no deseada relacionada con la discapacidad de una persona, que tenga como objetivo o consecuencia atentar contra su dignidad o crear un entorno intimidatorio, hostil, degradante, humillante u ofensivo, se considera:

a) Acoso.
b) Maltrato.
c) Falta.
d) Exclusión.

16. Las personas con discapacidad tienen derecho a vivir de forma independiente y a participar plenamente en todos los aspectos de la vida. Para ello, los poderes públicos adoptarán las medidas pertinentes para asegurar:

a) El diálogo civil.
b) La accesibilidad universal.
c) El diseño universal.
d) La participación e inclusión plenas y efectivas en la sociedad.

17. La ausencia de toda discriminación directa o indirecta por motivo o por razón de discapacidad, en el empleo, en la formación y la promoción profesionales y en las condiciones de trabajo, es lo que se entiende por:

a) Accesibilidad.
b) Normalización.
c) Discriminación positiva.
d) Igualdad de trato.

18. A nivel estatal, el procedimiento para el reconocimiento, declaración y calificación del grado de discapacidad está regulado por:

a) El Real Decreto 888/2022, de 18 de octubre.
b) El Real Decreto 1997/2011, de 23 de noviembre.
c) El Real Decreto 1997/1999, de 20 de diciembre.
d) El Real Decreto 1971/1997, de 20 de noviembre.

19. ¿Cuántas clases de discapacidad contempla la Clasificación Internacional del Funcionamiento de la Discapacidad y de Salud (CIF)?

a) 3 clases.
b) 5 clases.
c) 6 clases.
d) 2 clases.

20. Uno de los principios de la Ley General de derechos de las personas con discapacidad y de su inclusión social, conforme a su artículo 3 es el respeto de la dignidad ……………….., la autonomía ……………., incluida la libertad de tomar las propias decisiones, y la ………………. de las personas. Señala ordenadamente que 3 palabras faltan en la anterior frase:

a) Inherente/individual/independencia.
b) Propia/social/libertad.
c) Individual/laboral/igualdad.
d) Adquirida/familiar/aceptación.

En MADTEST tienes **más preguntas de este tema**, y todos tus avances quedan registrados y se reflejan en el ranking.

¡Supera tus límites con MADTEST!

Solución al test n.º 8

1. d) Discriminación por asociacisón.

2. b) Inclusión social.

3. a) El Observatorio Estatal de la Discapacidad.

4. c) Dificultades sociales.

5. a) Problemas para participar en situaciones vitales.

6. b) Real decreto legislativo 1/2013, de 29 de noviembre.

7. a) Discriminación directa.

8. d) Igualdad de oportunidades.

9. b) Normalización.

10. c) Vida independiente.

11. d) Diálogo civil.

12. c) Transversalidad.

13. b) 33 %.

14. d) La igualdad de trato.

15. a) Acoso.

16. b) La accesibilidad universal.

17. d) Igualdad de trato.

18. a) El Real Decreto 888/2022, de 18 de octubre.

19. b) 5 clases.

20. a) Inherente/individual/independencia.

TEST N.º 9

Ley 1/2016, de 18 de enero, de Transparencia y Buen Gobierno: Título Preliminar, Título I (Capítulos I, II, IV, V) y Título II (Secciones 1ª, 2ª y 3ª del Capítulo I)

1. ¿Qué ley tiene por objeto regular la transparencia y publicidad en la actividad pública?

a) La Ley 9/1996, de 21 de mayo.
b) La Ley 4/2006, de 13 de octubre.
c) La Ley 1/2016, de 18 de enero.
d) La Ley 14/2016, de 2 de marzo.

2. ¿En virtud de qué principio de la Ley de Transparencia y Buen Gobierno, toda la información pública es accesible y relevante, y toda persona tiene acceso libre y gratuito a la misma?

a) El principio de publicidad.
b) El principio de transparencia.
c) El principio de objetividad.
d) El principio de legalidad.

3. La resolución en la que se conceda o deniegue el acceso deberá notificarse, a la persona solicitante y a los terceros afectados que así lo hubiesen solicitado, lo antes posible y, como más tarde:

a) En el plazo máximo de un mes desde la recepción de la solicitud por el órgano competente para resolver.
b) En el plazo máximo de tres meses desde la recepción de la solicitud por el órgano competente para resolver.
c) En el plazo máximo de cinco meses desde la recepción de la solicitud por el órgano competente para resolver.
d) En el plazo máximo de seis meses desde la recepción de la solicitud por el órgano competente para resolver.

4. ¿En virtud de qué principio de la Ley de Transparencia y Buen Gobierno, las entidades sujetas al ámbito de aplicación de dicha ley arbitrarán los medios necesarios para poner a disposición de la ciudadanía la información pública en la lengua y a través del medio de acceso que la ciudadanía elija?

a) El principio de reutilización de la información.
b) El principio de igualdad lingüística.
c) El principio de objetividad lingüística y tecnológica.
d) El principio de no discriminación tecnológica ni lingüística.

5. Los instrumentos de ordenación del territorio y los planes urbanísticos, así como sus correspondientes modificaciones y revisiones, deberán ser objeto de publicidad, difundiendo, como mínimo:

a) La clasificación del suelo.
b) La calificación del suelo.
c) La normativa urbanística.
d) Todas las respuestas son correctas.

6. ¿Cada cuánto tiempo la Xunta de Galicia hará público en el Portal de transparencia y Gobierno un informe en el cual se analizarán y expondrán los datos sobre la información más consultada en el Portal, y sobre la más solicitada a través del ejercicio del derecho de acceso?

a) Mensualmente.
b) Trimestralmente.
c) Al menos una vez por semestre.
d) Anualmente.

7. El procedimiento para el ejercicio del derecho de acceso se iniciará con la presentación de la correspondiente solicitud, que deberá dirigirse:

a) A la persona titular del órgano administrativo o entidad que posea la información.
b) A la persona titular de la Consellería de Hacienda.
c) A la persona titular de la Consellería de Presidencia, Administraciones Públicas y Justicia.
d) A la Secretaría General Técnica de la Consellería de Presidencia, Administraciones Públicas y Justicia.

8. ¿Qué plazo concederá el órgano encargado de resolver para que puedan formular alegaciones cuando las solicitudes se refieran a información que afecte a derechos e intereses de terceros?

a) Una semana.
b) Diez días.
c) Quince días.
d) Un mes.

9. ¿Cuál es el órgano independiente al que corresponde la resolución de las reclamaciones frente a las resoluciones de acceso a la información pública?

a) La Comisión Interdepartamental de Información y Evaluación.
b) La Comisión Interdepartamental de Transparencia y Análisis.
c) La Comisión de la Transparencia.
d) La Comisión de Evaluación y Análisis de la Información.

10. ¿En virtud de qué principio de la Ley de Transparencia y Buen Gobierno, la información pública será cierta y exacta, garantizando que procede de documentos con respecto a los cuales se ha verificado su autenticidad, fiabilidad, integridad, disponibilidad y cadena de custodia?

a) El principio de veracidad.
b) El principio de objetividad.
c) El principio de seguridad jurídica.
d) El principio de identidad real.

11. Las disposiciones del Título I (Transparencia de la actividad pública) de la Ley 1/2016, de 18 de enero serán de aplicación a:

a) A las universidades del Sistema universitario de Galicia.
b) Al Valedor del Pueblo.
c) Al Parlamento de Galicia.
d) Todas las respuestas son correctas.

12. Reglamentariamente se determinará el procedimiento que es necesario seguir para el cumplimiento de la obligación de suministrar información, así como las multas coercitivas aplicables en los supuestos en que el requerimiento de información no sea atendido en plazo. Respecto de la multa podemos afirmar que:

a) La multa de 100 a 6.000 euros será reiterada por periodos mensuales hasta un máximo de doce meses.
b) La multa de 100 a 6.000 euros será reiterada por periodos mensuales hasta el cumplimiento.
c) La multa de 100 a 1.000 euros será reiterada por periodos mensuales hasta un máximo de doce meses.
d) La multa de 100 a 1.000 euros será reiterada por periodos mensuales hasta el cumplimiento.

13. En cuanto al total de la multa aplicable en los supuestos en que el requerimiento de información no sea atendido en plazo, no podrá exceder de:

a) El 2,5 % del importe del contrato, subvención o instrumento administrativo que habilite para el ejercicio de las funciones públicas o la prestación de los servicios.
b) El 5 % del importe del contrato, subvención o instrumento administrativo que habilite para el ejercicio de las funciones públicas o la prestación de los servicios.

c) El 7 % del importe del contrato, subvención o instrumento administrativo que habilite para el ejercicio de las funciones públicas o la prestación de los servicios.

d) El 10 % del importe del contrato, subvención o instrumento administrativo que habilite para el ejercicio de las funciones públicas o la prestación de los servicios.

14. En el supuesto de que en el instrumento que habilite para el ejercicio de las funciones públicas o la prestación de los servicios no figurase una cuantía concreta, la multa aplicable en los supuestos en que el requerimiento de información no sea atendido en plazo no excederá de:

a) 1.000 euros.
b) 1.500 euros.
c) 3.000 euros.
d) 6.000 euros.

15. Para la determinación del importe de la multa aplicable en los supuestos en que el requerimiento de información no sea atendido en plazo se atenderá a la gravedad del incumplimiento y al principio de:

a) Proporcionalidad.
b) Igualdad.
c) Menor lesividad.
d) Solidaridad.

16. ¿Qué principio de la Ley de Transparencia y Buen Gobierno supone que las entidades sujetas a lo dispuesto en la presente ley son responsables del cumplimiento de sus prescripciones?

a) El principio de objetividad.
b) El principio de integridad.
c) El principio de honestidad.
d) El principio de responsabilidad.

17. Los sujetos a los que les es de aplicación la Ley 1/2016, de 18 de enero, de Transparencia y Buen Gobierno, en relación con su actividad económico-financiera publicarán:

a) El techo de gasto no financiero aprobado para cada ejercicio.
b) La situación déficit/superávit público sobre producto interior bruto y por habitante.
c) El periodo medio de pago a proveedores.
d) Todas las respuestas son correctas.

18. La Administración general de la Comunidad Autónoma de Galicia y las entidades instrumentales de su sector público harán público:

a) Únicamente el número de vehículos de los que es titular.
b) La relación de bienes de interés cultural, histórico y artístico.

c) El número de vehículos de los que es arrendatario.
d) Todas las respuestas son correctas.

19. Los altos cargos no podrán firmar, ni por sí mismos ni a través de entidades participadas por ellos directa o indirectamente en más del diez por ciento, contratos de asistencia técnica, de servicios o similares con la Administración pública en la que hubieran prestado servicios, siempre que guarden relación directa con las funciones que el alto cargo ejercía, durante:

a) El año siguiente a la fecha de su cese.
b) Los dos años siguientes a la fecha de su cese.
c) Los cinco años siguientes a la fecha de su cese.
d) Los diez años siguientes a la fecha de su cese.

20. La Xunta de Galicia, a través de la consejería competente en materia de Administraciones Públicas, mantendrá un registro de convenios públicos. Cuando dichos convenios impliquen obligaciones económicas para la Hacienda autonómica o para las entidades públicas instrumentales integrantes del sector público autonómico de Galicia, se habrá de señalar con claridad:

a) La persona o entidad destinataria.
b) El objeto del convenio.
c) El importe de las obligaciones económicas.
d) Todas las respuestas son correctas.

En MADTEST tienes **más preguntas de este tema**, y todos tus avances quedan registrados y se reflejan en el ranking.

¡Supera tus límites con MADTEST!

Solución al test n.º 9

1. c) La Ley 1/2016, de 18 de enero.

2. b) El principio de transparencia.

3. a) En el plazo máximo de un mes desde la recepción de la solicitud por el órgano competente para resolver.

4. d) El principio de no discriminación tecnológica ni lingüística.

5. d) Todas las respuestas son correctas.

6. d) Anualmente.

7. a) A la persona titular del órgano administrativo o entidad que posea la información.

8. c) Quince días.

9. c) La Comisión de la Transparencia.

10. a) El principio de veracidad.

11. d) Todas las respuestas son correctas.

12. d) La multa de 100 a 1.000 euros será reiterada por periodos mensuales hasta el cumplimiento.

13. b) El 5 % del importe del contrato, subvención o instrumento administrativo que habilite para el ejercicio de las funciones públicas o la prestación de los servicios.

14. c) 3.000 euros.

15. a) Proporcionalidad.

16. d) El principio de responsabilidad.

17. d) Todas las respuestas son correctas.

18. c) El número de vehículos de los que es arrendatario.

19. b) Los dos años siguientes a la fecha de su cese.

20. d) Todas las respuestas son correctas.

TEST N.º 10

Ley 7/2023, de 30 de noviembre, para la igualdad efectiva de mujeres y hombres de Galicia: Títulos Preliminar, I, II (Capítulos I, II y XI), VII y VIII

1. Según su artículo 1.1, el objeto de la Ley 7/2023, de 30 de noviembre, para la igualdad efectiva de mujeres y hombres de Galicia, es:

a) Actuar contra la violencia que, como manifestación de la discriminación, la situación de desigualdad y las relaciones de poder de los hombres sobre las mujeres, se ejerce sobre éstas por parte de quienes sean o hayan sido sus cónyuges o de quienes estén o hayan estado ligados a ellas por relaciones similares de afectividad, aun sin convivencia.

b) Hacer efectivo el derecho de igualdad de trato y oportunidades entre mujeres y hombres para, en el desarrollo de los artículos 9.2 y 14 de la Constitución y 4 del Estatuto de Autonomía para Galicia, seguir avanzando hacia una sociedad más democrática, más justa y más solidaria.

c) Regular los derechos y deberes de las personas físicas y jurídicas, tanto públicas como privadas, previendo medidas destinadas a eliminar y corregir en los sectores público y privado de la Comunidad Autónoma de Galicia, toda forma de discriminación por razón de sexo.

d) Reforzar el compromiso de la Comunidad Autónoma de Galicia con la eliminación de la discriminación de las mujeres y con la promoción de la igualdad entre mujeres y hombres.

2. Según el artículo 1.2.b) de la Ley 7/2023, es objeto en particular de esta ley, integrar la perspectiva de género en el diseño y desarrollo de las políticas públicas de la competencia de la Administración general de la Comunidad Autónoma de Galicia y de su sector público, de forma:

a) Sostenible.
b) Transversal.
c) Colaborativa.
d) Efectiva.

3. Según el artículo 2 de la Ley 7/2023, la igualdad de trato y de oportunidades entre mujeres y hombres:

a) Es un deber de las Administraciones Públicas gallegas.
b) Es una fuente formal del Derecho autonómico.
c) Es un principio informador del ordenamiento jurídico autonómico.
d) Es un objetivo fundamental del procedimiento administrativo en Galicia.

4. Señalar la opción incorrecta. Según el artículo 4.1 de la Ley 7/2023, el principio de igualdad de trato entre mujeres y hombres implica la prohibición de toda discriminación, directa o indirecta, por razón de sexo, y especialmente, las derivadas de:

a) La maternidad.
b) La tendencia sexual.
c) La asunción de obligaciones familiares.
d) El estado civil.

5. Según el artículo 4.2 de la Ley 7/2023, la situación en que se encuentra una persona que sea, haya sido o pudiera ser tratada, en atención a su sexo, de manera menos favorable que otra en situación comparable, se considera:

a) Discriminación directa.
b) Acoso sexual.
c) Discriminación indirecta.
d) Violencia de género.

6. En virtud del artículo 4.3 de la Ley 7/2023, la situación en que una disposición, criterio o práctica aparentemente neutros pone a personas de un sexo en desventaja particular con respecto a personas del otro:

a) En cualquier caso constituirá discriminación directa.
b) En cualquier caso constituirá discriminación indirecta.
c) No se considera discriminación indirecta si dicha disposición, criterio o práctica pueden justificarse objetivamente en atención a una finalidad legítima y los medios para alcanzar dicha finalidad son necesarios y adecuados.
d) En ningún caso podrá considerarse discriminación.

7. Según el artículo 5.1 de la Ley 7/2023, en el ámbito de acceso al empleo, incluida la formación correspondiente, no constituye discriminación por razón de sexo la diferencia de trato en base a una característica relacionada con el sexo de una persona cuando, debido a la naturaleza de las actividades profesionales concretas o al contexto en que se lleven a cabo, dicha característica constituya un requisito profesional esencial y determinante, siempre y cuando su objetivo sea legítimo y el requisito sea:

a) Proporcionado.
b) Inequívoco.

c) Justo.
d) Mesurable.

8. Según el artículo 7 de la Ley 7/2023, todo trato desfavorable a las mujeres relacionado con el embarazo o la maternidad constituye:

a) Acoso sexual.
b) Acoso por razón de sexo.
c) Discriminación directa por razón de sexo.
d) Discriminación indirecta por razón de sexo.

9. ¿Cómo denomina el artículo 10 de la Ley 7/2023 a la discriminación por razón de sexo que se funda, por parte del sujeto discriminador, en una apreciación incorrecta del embarazo, la maternidad, las obligaciones familiares o el estado civil de la persona víctima?

a) Discriminación sexista prejuiciosa.
b) Discriminación sexista machista.
c) Discriminación sexista por error.
d) Discriminación sexista por asociación.

10. Siguiendo el artículo 11 de la Ley 7/2023, ¿cuándo se produce discriminación sexista interseccional?

a) Cuando, junto al sexo, concurren o interactúan otra u otras causas de discriminación, generando una forma específica de discriminación.
b) Cuando se sufre por razón del sexo, el embarazo, el parto o la maternidad, de la asunción de obligaciones familiares o del estado civil de otra persona con la que se estuviera relacionado.
c) Cuando una persona es discriminada de manera simultánea o consecutiva por razón de sexo y por otra u otras causas de discriminación.
d) Cuando la recibe el hombre por razón de su paternidad.

11. En virtud del artículo 12 de la Ley 7/2023, cualquier trato adverso o efecto negativo que se produzca en una persona como consecuencia de la presentación por su parte de queja, reclamación, denuncia, demanda o recurso, de cualquier tipo, destinados a impedir su discriminación y a exigir el cumplimiento efectivo del principio de igualdad de trato entre mujeres y hombres, se considerará:

a) Discriminación directa.
b) Discriminación por razón de sexo.
c) Injustificado.
d) Acoso sexual.

12. Según establece el artículo 13 de la Ley 7/2023, con el fin de hacer efectivo el derecho constitucional de la igualdad, los Poderes Públicos de Galicia adoptarán medidas específicas en favor de las mujeres para corregir situaciones patentes de desigualdad de hecho respecto de los hombres. Tales medidas, que serán aplicables en tanto subsistan dichas situaciones, habrán de ser en relación con el objetivo perseguido en cada caso razonables y:

a) Justificadas.
b) Autorizadas judicialmente.
c) Transparentes.
d) Proporcionadas.

13. Siguiendo el artículo 16 de la Ley 7/2023, ¿qué palabra falta en la siguiente frase?: "Con arreglo al ejercicio de los derechos de conciliación de la vida personal, familiar y laboral, como manifestación del derecho de las mujeres y hombres a la libre configuración de su tiempo, se promoverá la .... a través del reparto equilibrado entre mujeres y hombres de las obligaciones familiares, las tareas domésticas y el cuidado de personas dependientes mediante la individualización de los derechos y el fomento de su asunción por parte de los hombres y la prohibición de discriminación basada en su libre ejercicio por parte de estos".

a) Corresponsabilidad.
b) Equiparación.
c) Alternancia.
d) Cooperación.

14. Según dispone el artículo 17 de la Ley 7/2023, a través de la promoción de la igualdad de oportunidades entre mujeres y hombres, se buscará que la igualdad y libertad de las personas, con independencia de su sexo y de los estereotipos de género, sean reales y:

a) Equiparables.
b) Efectivas.
c) Frecuentes.
d) Permanentes.

15. A efectos de la Ley 7/2023, al conjunto de construcciones sociales, educativas y culturales de los roles, rasgos de la personalidad, actitudes, actividades, comportamientos, valores, apariencia externa, imagen o expectativas sociales que se asocian o atribuyen de forma diferencial en una determinada sociedad a mujeres y hombres, se le entenderá como:

a) Sexo.
b) Sexismo.
c) Género.
d) Estereotipo.

16. En aplicación del principio de transversalidad de la dimensión de género, la Administración general de la Comunidad Autónoma de Galicia y el sector público autonómico establecen como uno de sus criterios de su actuación y para evitar los efectos negativos sobre los derechos de la mujer, el fomento de la comprensión de la maternidad como:

a) Una función social.
b) Una solución política.
c) Una necesidad existencial.
d) Un don divino.

17. Según el artículo 22.1 de la Ley 7/2023, los proyectos de ley presentados en el Parlamento de Galicia por la Xunta de Galicia se acompañarán de:

a) Un Plan Estratégico de Igualdad de Oportunidades.
b) Una estadística o encuesta que posibilite el conocimiento de las diferencias en los valores, roles, situaciones y condiciones, de mujeres y hombres en el ámbito de acción del proyecto o plan.
c) Un informe periódico sobre el conjunto de sus actuaciones en relación con la efectividad del principio de igualdad entre mujeres y hombres.
d) Un informe sobre su impacto de género.

18. El Consejo de la Xunta de Galicia, a propuesta del órgano competente en materia de igualdad entre mujeres y hombres, aprobará un plan estratégico de igualdad de oportunidades en el que se incluirán medidas necesarias para conseguir el objetivo de la igualdad efectiva de mujeres y hombres y de la erradicación de la violencia de género en la Comunidad Autónoma de Galicia. Según el artículo 26 de la Ley 7/2023, dicho plan se aprobará de forma:

a) Anual.
b) Bianual.
c) Cuatrienal.
d) Periódica.

19. El artículo 27 de la Ley 7/2023, establece una serie de actuaciones que deberán llevar a cabo la Administración de la Comunidad Autónoma de Galicia y las entidades instrumentales que integran el sector público autonómico en la elaboración de sus estudios y estadísticas. Cuál de las siguientes es una de dichas actuaciones:

a) Excluir sistemáticamente la variable de sexo en las estadísticas, encuestas y recogida de datos que lleven a cabo.
b) Realizar muestras lo suficientemente amplias para evitar que las diversas variables incluidas puedan ser explotadas y analizadas en función de la variable de sexo.
c) Explotar los datos de que disponen de modo que se puedan conocer las diferentes situaciones, condiciones, aspiraciones y necesidades de mujeres y hombres en los diferentes ámbitos de intervención.
d) Establecer e incluir en las operaciones estadísticas nuevos indicadores que posibiliten un mejor conocimiento de las similitudes en los valores, roles, situaciones, condiciones, aspiraciones y necesidades de mujeres y hombres.

20. Según el artículo 31 de la Ley 7/2023, ¿en qué consiste el uso no sexista del lenguaje?

a) En la utilización de ambos géneros de forma arbitraria.

b) En la utilización de expresiones lingüísticamente correctas substitutivas de otras que invisibilizan el femenino o que lo sitúan en un plano secundario respecto al masculino.

c) En la utilización de los dos géneros de forma conjunta; primero el femenino y después el masculino.

d) En la utilización en el lenguaje de expresiones neutras, que no se puedan asociar a ninguno de los géneros.

En MADTEST tienes **más preguntas de este tema**, y todos tus avances quedan registrados y se reflejan en el ranking.

¡Supera tus límites con MADTEST!

Solución al test n.º 10

1. d) Reforzar el compromiso de la Comunidad Autónoma de Galicia con la eliminación de la discriminación de las mujeres y con la promoción de la igualdad entre mujeres y hombres.

2. b) Transversal.

3. c) Es un principio informador del ordenamiento jurídico autonómico.

4. b) La tendencia sexual.

5. a) Discriminación directa.

6. c) No se considera discriminación indirecta si dicha disposición, criterio o práctica pueden justificarse objetivamente en atención a una finalidad legítima y los medios para alcanzar dicha finalidad son necesarios y adecuados.

7. a) Proporcionado.

8. c) Discriminación directa por razón de sexo.

9. c) Discriminación sexista por error.

10. a) Cuando, junto al sexo, concurren o interactúan otra u otras causas de discriminación, generando una forma específica de discriminación.

11. b) Discriminación por razón de sexo.

12. d) Proporcionadas.

13. a) Corresponsabilidad.

14. b) Efectivas.

15. c) Género.

16. a) Una función social.

17. d) Un informe sobre su impacto de género.

18. d) Periódica.

19. c) Explotar los datos de que disponen de modo que se puedan conocer las diferentes situaciones, condiciones, aspiraciones y necesidades de mujeres y hombres en los diferentes ámbitos de intervención.

20. b) En la utilización de expresiones lingüísticamente correctas substitutivas de otras que invisibilizan el femenino o que lo sitúan en un plano secundario respecto al masculino.

Real Decreto Legislativo 2/2015, de 23 de octubre, por el que se aprueba el texto refundido de la Ley del Estatuto de los Trabajadores: Capítulo I (Sección 4ª), Capítulo II (Secciones 1ª y 2ª) y Capítulo III (Sección 1ª) del Título I

1. Si el empresario da un trabajo en común a un grupo de sus trabajadores:

a) Conservará respecto de cada uno, individualmente, sus derechos y deberes.
b) No conservará respecto de cada uno individualmente sus derechos y deberes.
c) El trabajador que se aparte del grupo ante de la conclusión de los trabajos, perderá su derecho a la retribución.
d) No puede haber cambio alguno entre los trabajadores del grupo.

2. Si el empresario hubiese celebrado un contrato con un grupo de trabajadores considerado en su totalidad:

a) No tendrá frente a cada uno de sus miembros los derechos y deberes individuales que como tal le competen.
b) Conservará frente a cada uno de sus miembros los derechos y deberes inherentes a su condición.
c) El jefe de grupo ostentará la representación del mismo, aunque careciendo de responsabilidad alguna.
d) No tiene derecho a conocer la identidad de los trabajadores que componen el grupo.

3. En el contrato de trabajo en grupo, no es correcto afirmar que:

a) Cabe la posibilidad de que, durante el desarrollo del trabajo, puedan cambiar los componentes del mismo.
b) Es posible la sustitución por otros trabajadores, hecha por el propio grupo.
c) El grupo será autónomo en su constitución, controlando su propia composición.
d) El empresario pueda controlar la composición del grupo.

4. La duración del contrato de formación en alternancia será la prevista en el correspondiente plan o programa formativo, con un mínimo de:

a) Un año.
b) Seis meses.

c) Tres meses.
d) Un mes.

5. El contrato de trabajo para la obtención de práctica profesional deberá concertarse, salvo si fuera con una persona con discapacidad:

a) En cualquier momento a partir de la terminación de los correspondientes estudios.
b) Dentro de los seis años siguientes a la terminación de los correspondientes estudios.
c) Dentro de los cinco años siguientes a la terminación de los correspondientes estudios.
d) Dentro de los tres años siguientes a la terminación de los correspondientes estudios.

6. El contrato de trabajo para la obtención de práctica profesional deberá concertarse en el caso de que fuese con una persona con discapacidad:

a) En cualquier momento a partir de la terminación de los correspondientes estudios.
b) Dentro de los seis años siguientes a la terminación de los correspondientes estudios.
c) Dentro de los cinco años siguientes a la terminación de los correspondientes estudios.
d) Dentro de los tres años siguientes a la terminación de los correspondientes estudios.

7. Dispone el apartado tercero del artículo 11 del Estatuto de los Trabajadores que en el contrato formativo para la obtención de la práctica profesional adecuada al nivel de estudios se podrá establecer un periodo de prueba que, salvo lo dispuesto en convenio colectivo, en ningún caso podrá exceder de:

a) Nueve meses.
b) Seis meses.
c) Tres meses.
d) Un mes.

8. A tenor del apartado tercero del artículo 11 del Estatuto de los trabajadores, la duración del contrato formativo para la obtención de la práctica profesional adecuada al nivel de estudios no podrá ser inferior a:

a) Un año.
b) Nueve meses.
c) Seis meses.
d) Tres meses.

9. Según dispone el apartado tercero del artículo 11 del Estatuto de los Trabajadores, la duración del contrato formativo para la obtención de la práctica profesional adecuada al nivel de estudios no podrá exceder de:

a) Un año.
b) Nueve meses.
c) Seis meses.
d) Tres meses.

10. En el contrato de formación en alternancia, el tiempo de trabajo efectivo, que habrá de ser compatible con el tiempo dedicado a las actividades formativas en el centro de formación, no podrá ser superior durante el primer año al:

a) 85 % de la jornada máxima prevista en el convenio colectivo de aplicación en la empresa o, en su defecto, de la jornada máxima legal.
b) 70 % de la jornada máxima prevista en el convenio colectivo de aplicación en la empresa o, en su defecto, de la jornada máxima legal.
c) 65 % de la jornada máxima prevista en el convenio colectivo de aplicación en la empresa o, en su defecto, de la jornada máxima legal.
d) 50 % de la jornada máxima prevista en el convenio colectivo de aplicación en la empresa o, en su defecto, de la jornada máxima legal.

11. No se podrán celebrar contratos formativos en alternancia cuando la actividad o puesto de trabajo correspondiente al contrato haya sido desempeñado con anterioridad por la persona trabajadora en la misma empresa bajo cualquier modalidad por tiempo superior a:

a) Seis meses.
b) Cinco meses.
c) Tres meses.
d) Un mes.

12. En el contrato de formación en alternancia, el tiempo de trabajo efectivo, que habrá de ser compatible con el tiempo dedicado a las actividades formativas en el centro de formación, no podrá ser superior durante el segundo año al:

a) 85 % de la jornada máxima prevista en el convenio colectivo de aplicación en la empresa o, en su defecto, de la jornada máxima legal.
b) 70 % de la jornada máxima prevista en el convenio colectivo de aplicación en la empresa o, en su defecto, de la jornada máxima legal.
c) 65 % de la jornada máxima prevista en el convenio colectivo de aplicación en la empresa o, en su defecto, de la jornada máxima legal.
d) 50 % de la jornada máxima prevista en el convenio colectivo de aplicación en la empresa o, en su defecto, de la jornada máxima legal.

13. Según dispone el apartado tercero del artículo 11 del Estatuto de los Trabajadores respecto al contrato formativo para la obtención de la práctica profesional adecuada al nivel de estudios, podrá concertarse con quienes estuviesen en posesión de:

a) Un título universitario.
b) Un título de grado medio o superior.
c) Un título de especialista.
d) Todas las respuestas son correctas.

14. El contrato de trabajo para la obtención de práctica profesional no podrá suscribirse con quien ya haya obtenido experiencia profesional o realizado actividad formativa en la misma actividad dentro de la empresa por un tiempo superior a:

a) Tres meses.
b) Dos meses.
c) Un mes.
d) Este contrato no podrá suscribirse nuevamente con quien ya haya obtenido experiencia profesional o realizado actividad formativa en la misma actividad anteriormente.

15. Señala la respuesta incorrecta respecto al contrato de formación en alternancia:

a) Solo podrá celebrarse un contrato de formación en alternancia por cada ciclo formativo de formación profesional y titulación universitaria, certificado de profesionalidad o itinerario de especialidades formativas del Catálogo de Especialidades Formativas del Sistema Nacional de Empleo.
b) Podrá establecerse periodo de prueba en estos contratos.
c) La retribución será la establecida para estos contratos en el convenio colectivo de aplicación.
d) Excepcionalmente, podrán realizarse actividades laborales en los citados periodos cuando las actividades formativas para la adquisición de los aprendizajes previstos en el plan formativo no puedan desarrollarse en otros periodos, debido a la naturaleza de la actividad.

16. La retribución del contrato de formación en alternancia será la establecida para estos contratos en el convenio colectivo de aplicación. En defecto de previsión convencional, la retribución el primer año no podrá ser inferior al:

a) 65 %.
b) 70 %.
c) 60 %.
d) 50 %.

17. La duración del contrato de formación en alternancia será la prevista en el correspondiente plan o programa formativo, con un mínimo de tres meses y un máximo de:

a) Cinco años.
b) Tres años.
c) Dos años.
d) Un año.

18. Señala la respuesta incorrecta respecto al contrato formativo:

a) Las situaciones de incapacidad temporal, nacimiento, adopción, guarda con fines de adopción, acogimiento, riesgo durante el embarazo, riesgo durante la lactancia y violencia de género interrumpirán el cómputo de la duración del contrato.

b) Mediante convenio colectivo de ámbito sectorial estatal, autonómico o, en su defecto, en los convenios colectivos sectoriales de ámbito inferior, se podrán determinar los puestos de trabajo, actividades, niveles o grupos profesionales que podrán desempeñarse por medio de contrato formativo.

c) Los contratos formativos celebrados en fraude de ley o aquellos respecto de los cuales la empresa incumpla sus obligaciones formativas se entenderán concertados como contratos indefinidos de carácter ordinario.

d) Las empresas que estén aplicando algunas de las medidas de flexibilidad interna reguladas en los artículos 47 y 47 bis del Estatuto de los Trabajadores no podrán concertar contratos formativos.

19. El trabajador se entenderá contratado a tiempo parcial:

a) Cuando preste servicios durante un número de horas al día no superior a las dos terceras partes de la jornada habitual.

b) Cuando preste servicios durante un número de horas al día, a la semana, al mes, o al año, inferior a las dos terceras partes de la jornada habitual en la actividad de que se trate en dichos períodos de tiempo.

c) Cuando preste servicios durante un número de horas al día, a la semana, al mes o al año, inferior a doce horas de trabajo.

d) Cuando se haya acordado la prestación de servicios durante un número de horas al día, a la semana, al mes o al año inferior a la jornada de trabajo de un trabajador a tiempo completo comparable.

20. Respecto a la forma del contrato a tiempo parcial:

a) Deberá celebrarse por escrito, en modelo oficial y comunicar su contenido en la correspondiente Oficina de Empleo en el plazo de los diez días siguientes a su concertación.

b) Puede celebrarse por escrito o de forma verbal, debiendo registrarse, en el primer caso, en la correspondiente Oficina de Empleo en el plazo de los diez días siguientes a su concertación.

c) Su inobservancia provoca, exclusivamente, que la jornada se entienda a tiempo completo, salvo prueba en contrario que acredite el carácter a tiempo parcial de los servicios.

d) No existen exigencias formales.

En MADTEST tienes **más preguntas de este tema**, y todos tus avances quedan registrados y se reflejan en el ranking.

¡Supera tus límites con MADTEST!

Solución al test n.º 11

1. a) Conservará respecto de cada uno, individualmente, sus derechos y deberes.

2. a) No tendrá frente a cada uno de sus miembros los derechos y deberes individuales que como tal le competen.

3. d) El empresario pueda controlar la composición del grupo.

4. c) Tres meses.

5. d) Dentro de los tres años siguientes a la terminación de los correspondientes estudios.

6. c) Dentro de los cinco años siguientes a la terminación de los correspondientes estudios.

7. d) Un mes.

8. c) Seis meses.

9. a) Un año.

10. c) 65 % de la jornada máxima prevista en el convenio colectivo de aplicación en la empresa o, en su defecto, de la jornada máxima legal.

11. a) Seis meses.

12. a) 85 % de la jornada máxima prevista en el convenio colectivo de aplicación en la empresa o, en su defecto, de la jornada máxima legal.

13. d) Todas las respuestas son correctas.

14. a) Tres meses.

15. b) Podrá establecerse periodo de prueba en estos contratos.

16. c) El 60 %.

17. c) Dos años.

18. d) Las empresas que estén aplicando algunas de las medidas de flexibilidad interna reguladas en los artículos 47 y 47 bis del Estatuto de los Trabajadores no podrán concertar contratos formativos.

19. d) Cuando se haya acordado la prestación de servicios durante un número de horas al día, a la semana, al mes o al año inferior a la jornada de trabajo de un trabajador a tiempo completo comparable.

20. a) Deberá celebrarse por escrito, en modelo oficial y comunicar su contenido en la correspondiente Oficina de Empleo en el plazo de los diez días siguientes a su concertación.

TEST N.º 12

Real Decreto Legislativo 8/2015, de 30 de octubre, por el que se aprueba el Texto Refundido de la Ley General de la Seguridad Social: del Título I el Capítulo II-sección 1ª, el Capítulo III-sección 1ª, y el Capítulo IV-sección 1ª. Y del título II el capítulo XI (excepto los artículos 196 a 199), y la sección 1ª del Capítulo I del Título VI

1. Están incluidos en el Sistema de la Seguridad Social a efectos de las prestaciones contributivas, cualesquiera que sean su sexo, estado civil y profesión, los españoles que residan en España y los extranjeros que residan o se encuentren legalmente en España, siempre que, en ambos supuestos, ejerzan su actividad en territorio nacional y estén incluidos en alguno de los apartados siguientes:

a) Funcionarios públicos, civiles y militares.

b) Trabajadores por cuenta propia o autónomos, mayores de dieciocho años, únicamente si son titulares de empresas individuales o familiares.

c) Socios de todo tipo de cooperativas.

d) Todas las respuestas anteriores son correctas.

2. ¿Cuál de los siguientes colectivos no está incluido en el Sistema de la Seguridad Social?

a) Personal laboral al servicio de la Administración Pública.

b) Estudiantes.

c) Trabajadores del mar.

d) Amas (amos) de casa.

3. En aquellos Regímenes de la Seguridad Social en que así resulte necesario, podrán establecerse sistemas especiales exclusivamente en alguna o algunas de las siguientes materias:

a) Encuadramiento o afiliación, únicamente.

b) Encuadramiento, afiliación, forma de cotización o recaudación.

c) Forma de cotización o recaudación, únicamente.
d) Solamente en materia de cotización.

4. La afiliación a la Seguridad Social es:

a) Vitalicia.
b) Sucesiva. Se hace depender de la clase de trabajo que desarrolle la persona.
c) Única.
d) Única y vitalicia.

5. La afiliación a la Seguridad Social podrá realizarse:

a) Únicamente a instancia de los empresarios.
b) Siempre de oficio por la Tesorería General de la Seguridad Social.
c) Únicamente a petición de los trabajadores.
d) A instancia de los empresarios, de oficio por la Tesorería General de la Seguridad Social o a petición de los trabajadores.

6. Los trabajadores por cuenta ajena o asimilados, cuyo empresario no cumpla sus obligaciones respecto de la afiliación:

a) Deberán presentar demanda en el Juzgado de lo Social contra el empresario, para que el Juez resuelva la obligatoriedad del empresario de proceder a la afiliación del trabajador en la Seguridad Social.
b) Pueden solicitar directamente su afiliación, en cualquier momento posterior a la constatación del incumplimiento empresarial.
c) Tendrán un plazo de un mes para instar a la Inspección de Trabajo y Seguridad Social la comprobación de falta de afiliación y, una vez verificada ésta, proceder a solicitar la afiliación en la Dirección Provincial de la Tesorería General de la Seguridad Social.
d) Podrán hacer suyos los frutos del trabajo hasta compensar económicamente el perjuicio ocasionado por el empresario.

7. Las solicitudes de afiliación deberán solicitarse por los sujetos obligados a ello:

a) Con seis días de antelación al inicio de la prestación de servicios del trabajador.
b) Con anterioridad a la iniciación de la prestación de servicios del trabajador.
c) El mismo día del inicio de la prestación de servicios del trabajador.
d) En los seis días siguientes a partir del inicio de la prestación de servicios del trabajador.

8. El acto administrativo por el cual la Tesorería General de la Seguridad Social reconoce la condición de persona física incluida en el Sistema de Seguridad Social se denomina:

a) Afiliación.
b) Alta.

c) Inscripción.
d) Cotización.

9. Trabajador que deja de prestar sus servicios para la empresa A y comienza una nueva relación laboral con la empresa B. ¿Qué actos de encuadramiento ha de llevar a cabo la empresa B con relación a este trabajador?

a) Afiliación.
b) Alta.
c) Afiliación y alta.
d) Baja en la empresa A, afiliación y alta en la empresa B.

10. Señala la respuesta correcta. Una de las siguientes características no es propia de la afiliación:

a) Es obligatoria para todas las personas comprendidas en el campo de aplicación del Sistema de la Seguridad Social, a efectos de los derechos y obligaciones en su modalidad contributiva.
b) Es única y general para todos los regímenes que componen el Sistema aunque las personas afiliadas pueden cambiar de Régimen en función de la actividad que desarrollen en cada momento
c) Es temporal, dado que no se mantiene durante toda la vida de las personas.
d) Es exclusiva, ya que por la misma actividad nadie puede ser obligado a estar incluido en otro Régimen obligatorio de previsión.

11. Entre las formas de acceder a la afiliación no se encuentra:

a) A instancia del empresario.
b) A instancia del trabajador.
c) De oficio por la Tesorería General de la Seguridad Social.
d) De oficio por la Inspección de Trabajo y Seguridad Social.

12. Cuál de las siguientes afirmaciones con relación al Sistema de Seguridad Social no es cierta:

a) La Constitución señala que el derecho a la Seguridad Social es un derecho fundamental.
b) El nivel no contributivo del Sistema se financia a través de impuestos.
c) Existen diferentes menciones en el texto constitucional al Sistema de la Seguridad Social, siendo la más importante la contenida en el art.41 CE.
d) El contenido concreto del Sistema de Seguridad Social es competencia del legislador ordinario, sin que la Constitución haya previsto un sistema cerrado.

13. Deberán promoverse la baja y el alta de los trabajadores:

a) Que se trasladen a un centro de trabajo del mismo empresario situado en diferente provincia.

b) Que, aun dentro de la misma provincia, hubieren cambiado de centro de trabajo con código de cuenta de cotización diferente o cuando por cualquier causa proceda su adscripción a una cuenta de cotización distinta.

c) Las dos respuestas anteriores son correctas.

d) Ninguna de las respuestas anteriores es correcta.

14. Los trabajadores por cuenta ajena y asimilados se considerarán, de pleno derecho, en situación de alta en los Regímenes del sistema de Seguridad Social (aunque los empresarios hubieran incumplido sus obligaciones al respecto) a efectos de:

a) Accidentes de trabajo y enfermedades profesionales y desempleo, exclusivamente.

b) Accidentes de trabajo y enfermedades profesionales y desempleo. Igual consecuencia se aplicará a los exclusivos efectos de la asistencia sanitaria por enfermedad común, maternidad y accidente no laboral.

c) Accidentes de trabajo y enfermedades profesionales y desempleo. Igual consecuencia se aplicará por enfermedad común, maternidad y accidente no laboral.

d) Enfermedad común y maternidad, exclusivamente.

15. Es una contingencia profesional:

a) Las enfermedades comunes y profesionales. .

b) Los accidentes de trabajo.

c) Las enfermedades profesionales.

d) Las enfermedades profesionales y los accidentes de trabajo.

16. El acto administrativo a través del cual se notifica a la TGSS el inicio de una nueva actividad laboral se denomina:

a) Alta.

b) Afiliación.

c) Cotización.

d) Baja.

17. Una de las siguientes afirmaciones es falsa:

a) El trabajador se encuentra más protegido si la contingencia se califica como contingencia profesional.

b) La única diferencia entre una contingencia común y una profesional se restringe al cálculo de la prestación.

c) El cuadro de enfermedades profesionales se encuentra reflejado en la LGSS.

d) Las enfermedades profesionales están listadas. Si no aparece prevista en la norma, no puede calificarse como enfermedad profesional.

18. La acción protectora del régimen general de la Seguridad social abarca:

a) La asistencia sanitaria y la recuperación profesional.

b) Las prestaciones económicas en las situaciones de incapacidad temporal; nacimiento y cuidado de menor; riesgo durante el embarazo; riesgo durante la lactancia natural; ejercicio corresponsable del cuidado del lactante; cuidado de menores afectados por cáncer u otra enfermedad grave; incapacidad permanente contributiva e invalidez no contributiva; jubilación, en sus modalidades contributiva y no contributiva; desempleo, en sus niveles contributivo y asistencial; protección por cese de actividad; pensión de viudedad; prestación temporal de viudedad; pensión de orfandad; prestación de orfandad; pensión en favor de familiares; subsidio en favor de familiares; auxilio por defunción; indemnización en caso de muerte por accidente de trabajo o enfermedad profesional; ingreso mínimo vital, así como las que se otorguen en las contingencias y situaciones especiales que reglamentariamente se determinen por real decreto, a propuesta del titular del Ministerio competente.

c) Las Prestaciones familiares de la Seguridad Social en sus modalidades contributiva y no contributiva y las prestaciones de servicios sociales.

d) Todas las respuestas anteriores son correctas.

19. Las prestaciones de la Seguridad Social, según lo establecido por el artículo 162 en relación con el artículo 44 del TRLGSS, tienen las siguientes características:

a) No podrán ser objeto de retención, aunque estarán sujetas a tributación en los términos que establezcan las normas reguladoras de cada impuesto.

b) Pueden ser objeto de cesión total o parcial, compensación o descuento, salvo para el cumplimiento de las obligaciones alimenticias a favor del cónyuge e hijos.

c) Pueden ser objeto de cesión total o parcial, compensación o descuento, salvo cuando se trate de obligaciones contraídas por el beneficiario dentro de la Seguridad Social.

d) Todas las respuestas anteriores son correctas.

20. Respecto del régimen de las prestaciones de Seguridad Social, es correcto decir:

a) Podrán ser exigidas tasas fiscales, o derechos, en cuantas informaciones o certificaciones hayan de facilitar los correspondientes organismos de la Administración, de la Seguridad Social, y los organismos administrativos, judiciales o de cualquier otra clase, en relación con las prestaciones y beneficios.

b) No podrá ser exigida ninguna tasa fiscal, ni derecho de ninguna clase, en cuantas informaciones o certificaciones hayan de facilitar los correspondientes organismos de la Administración de la Seguridad Social, y los organismos administrativos, judiciales o de cualquier otra clase, en relación con las prestaciones y beneficios.

c) No podrá ser exigida ninguna tasa fiscal, ni derecho de ninguna clase, en cuantas informaciones o certificaciones hayan de facilitar los correspondientes organismos de la Administración, de la Seguridad Social, y los organismos administrativos, judiciales o de cualquier otra clase, en relación con las prestaciones y beneficios, salvo que así lo prevea el reglamento expresamente.

d) Podrán ser exigidas tasas fiscales, o derechos, solamente en las certificaciones que deban facilitar los correspondientes organismos de la Administración, de la Seguridad Social, y los organismos administrativos, judiciales o de cualquier otra clase, en relación con las prestaciones y beneficios.

En MADTEST tienes **más preguntas de este tema**, y todos tus avances quedan registrados y se reflejan en el ranking.

¡Supera tus límites con MADTEST!

Solución al test n.º 12

1. a) Funcionarios públicos, civiles y militares.

2. d) Amas (amos) de casa.

3. b) Encuadramiento, afiliación, forma de cotización o recaudación.

4. d) Única y vitalicia.

5. d) A instancia de los empresarios, de oficio por la Tesorería General de la Seguridad Social o a petición de los trabajadores

6. b) Pueden solicitar directamente su afiliación, en cualquier momento posterior a la constatación del incumplimiento empresarial.

7. b) Con anterioridad a la iniciación de la prestación de servicios del trabajador.

8. a) Afiliación.

9. b) Alta.

10. c) Es temporal, dado que no se mantiene durante toda la vida de las personas.

11. d) De oficio por la Inspección de Trabajo y Seguridad Social.

12. a) La Constitución señala que el derecho a la Seguridad Social es un derecho fundamental.

13. c) Las dos respuestas anteriores son correctas.

14. b) Accidentes de trabajo y enfermedades profesionales y desempleo. Igual consecuencia se aplicará a los exclusivos efectos de la asistencia sanitaria por enfermedad común, maternidad y accidente no laboral.

15. d). Las enfermedades profesionales y los accidentes de trabajo.

16. a) Alta.

17. d) Las enfermedades profesionales están listadas. Si no aparece prevista en la norma, no puede calificarse como enfermedad profesional.

18. d) Todas las respuestas anteriores son correctas.

19. a) No podrán ser objeto de retención, aunque estarán sujetas a tributación en los términos que establezcan las normas reguladoras de cada impuesto.

20. b) No podrá ser exigida ninguna tasa fiscal, ni derecho de ninguna clase, en cuantas informaciones o certificaciones hayan de facilitar los correspondientes organismos de la Administración de la Seguridad Social, y los organismos administrativos, judiciales o de cualquier otra clase, en relación con las prestaciones y beneficios.

Cómo acceder al Curso

Cuerpo Administrativo de la Administración General
Test del temario

El uso de los códigos **es exclusivo de los compradores de los productos de Editorial MAD**. Cada producto posee un código único y de un solo uso. Es personal e intransferible y da acceso a servicios y contenidos adicionales. Editorial MAD se reserva el derecho de hacer cuantas comprobaciones sean necesarias para identificar al legítimo poseedor del código y dejar de dar servicio a quien haga uso fraudulento del mismo, además de emprender cuantas acciones legales estime oportunas según la legislación vigente.

Deberás acceder a:

mad.es/registro-campus

Si una vez aceptadas las condiciones de uso del Campus decides hacer uso del mismo, necesitarás del siguiente código de acceso junto con los códigos del resto de títulos que se exigen (si fuera el caso):

H518G4LNFX